経営者占見力《けいえいしゃせんけんりょく》

5000人の経営者とビジネスマンの
運命を変えた奇跡の法則

苑 彰恵

太陽出版

はじめに

今年は、終戦から六十四年目。

その間、日本の経済は目覚しい発展を遂げてきました。

灰化となった東京の街はわずか数年で人の手によって道路が整備され、商業施設が並び、物質的に貧しかった国は飛躍的に経済を発展させ、世界第二位の経済大国にまでなりました。

この国がこれほどまでに経済成長した背景には、物質的に何も無くなった日本であっても夢を見失わず希望を捨てずに、一人でも多くの人に豊かな暮らしをと願う純粋な志を持った経営者達がいたからなのです。

そして、その陰で自然はいつも変わらず私たち人類に素晴らしい恩恵を与えてくれていたのです。


自然も人間の歴史も、六十年という周期で一巡します。

還暦とは、干支（十干十二支）が一巡し、起算点となった年の干支にふたたび戻ることを言います。自分が生まれた年と同じ年に戻るのが還暦なのです。

人が作り上げてきた歴史も、こうした自然の六十年という周期サイクルで一巡します。「歴史は繰り返す」とは、まさにこのことなのです。

今から六十年前、誰もが夢や希望を失っていた時、これからの日本を本気で変えようとした経営者たちがいました。ソニーの井深大氏、盛田昭夫氏、本田技研工業の本田宗一郎氏など、今の日本を代表する企業の創業者たちが次々に生まれました。

昨年、サブプライムローンのバブル崩壊から端を発し、世界中の金融機関で信用収縮の連鎖が起こり、多くの企業が損害を受け、多くの人が職を失いました。

まさに、あの終戦直後の日本のように一からのスタートを迎えたのです。

これからの六十年で、また新しい経済の歴史を一から作り上げていかなければなりません。ただ戦後六十年間で作りあげてきた経済とはまた別の経済をこれから私たちは作りあげていくのです。

今までの六十年は、物質的に豊かになることを目標にしてきました。その目標は十分達成されました。むしろ物質的な豊かさを得るために多くの犠牲を作ってしまったのも紛れもない事実です。

宇宙や地球から与えてもらった無償のエネルギーなどの恩恵を、私たち人類は勝手に破壊し売買してしまいました。

私たちが売買している土地も、鉱物も、石油などのエネルギーも、地球から頂いた財産です。むしろ、私たちは地球に対価を払わなくてはならないのです。

これから、さらに地球温暖化対策や環境保護などにお金が必要になってきます。

それは、今まで無償で与えてもらっていた地球の恩恵に対して、やっと人類が対価を払う時がきたということなのかもしれません。

これから地球に、自然に、人の心に恩返しをするための新たな経営が始まろうとしているのです。

今の経済状態が百年に一度の最悪な状態だというのは、目に見える物や数字だけがそうであって、決して悪い方向に進んでいるわけではありません。

目に見えない宇宙や地球的規模の見地からは、方向転換しむしろ正しい方向に世界全体の経営は進んでいるのです。

別の観点から見れば、最悪と言われるこのような状態にならない限り、私たちは気付くこともなく、今まで通りで大丈夫だと高を括って何も変化を起こそうとはしません。こうした最悪の状態はきっと、地球から「そろそろ変化を起こさなくてはいけない」と教えてくれているサインなのではないでしょうか。

今年、アメリカ初の黒人大統領として、オバマ大統領が誕生しました。

国民が、今の最悪な状態から希望の光を見出すことの出来るリーダーにふさわしいと選んだ人物は、わずか数十年前までは白人と同じレストランで食事を摂ることも出来なかった黒人でした。

最悪な状態に直面したからこそ、本当の変化を起こさなければならないと気付いたのです。オバマ大統領が唱える「change」はまさに、これからの時代に新しい一歩を踏み出す前進となるでしょう。

だからこそ、このサインにいち早く気付き変化を起こす取り組みを始めることが、これからの経営者の役目なのです。

戦後の日本を変えた、井深大氏、盛田昭夫氏、本田宗一郎氏などの経営者のように、これからの新しい時代に必要とされる経営を行っていく経営者が、またこれから生まれてくるでしょう。

本書は、そうした志を持った経営者のために、自然に恩返しが出来る、これからの六十年に必要とされる地球的規模の経営に役立つヒントになればと思い書きました。

経営者という企業のトップがしっかりとした経営を行えば、その企業で働く従業員にその気持ちと志が伝わり、その従業員が養う家族にまで伝わるようになるのです。

末端の一人ひとりにまで、自然に恩返しが出来る経営の志が伝われば、またこの国は新たな豊かさを得ることが出来るでしょう。次は、物質的に目に見える豊かさではなく、目に見えない豊かさ、つまり心や自然、安全、教育、健康であることなどが人々に幸福を与えることになります。

従業員やその家族の生活にまで責任がある経営者という大変な立場であるからこそ、これから本当に大切にしなくてはならない経営の志があります。

一人でも多くの経営者が、こうした志を持って経営を行っていくことを切に願っています。

目次

第一章
運命を好転させる宇宙の法則
成功に近づくための命の運び方
目に見える貯蓄と目に見えない貯蓄
運命の特性を見極めるための法則
第二章
成功する経営者の占見力
五感こそ永遠の成功原理
会社のレベルが決まる！経営者に必要な5つの徳
出来る経営者の隣のCAO
第三章
人材を人財に変える占見力
タイプを使うと
が上手くいく?!
伸びる
会社は知っている
金の卵を産む人財
財が
れば
うなる

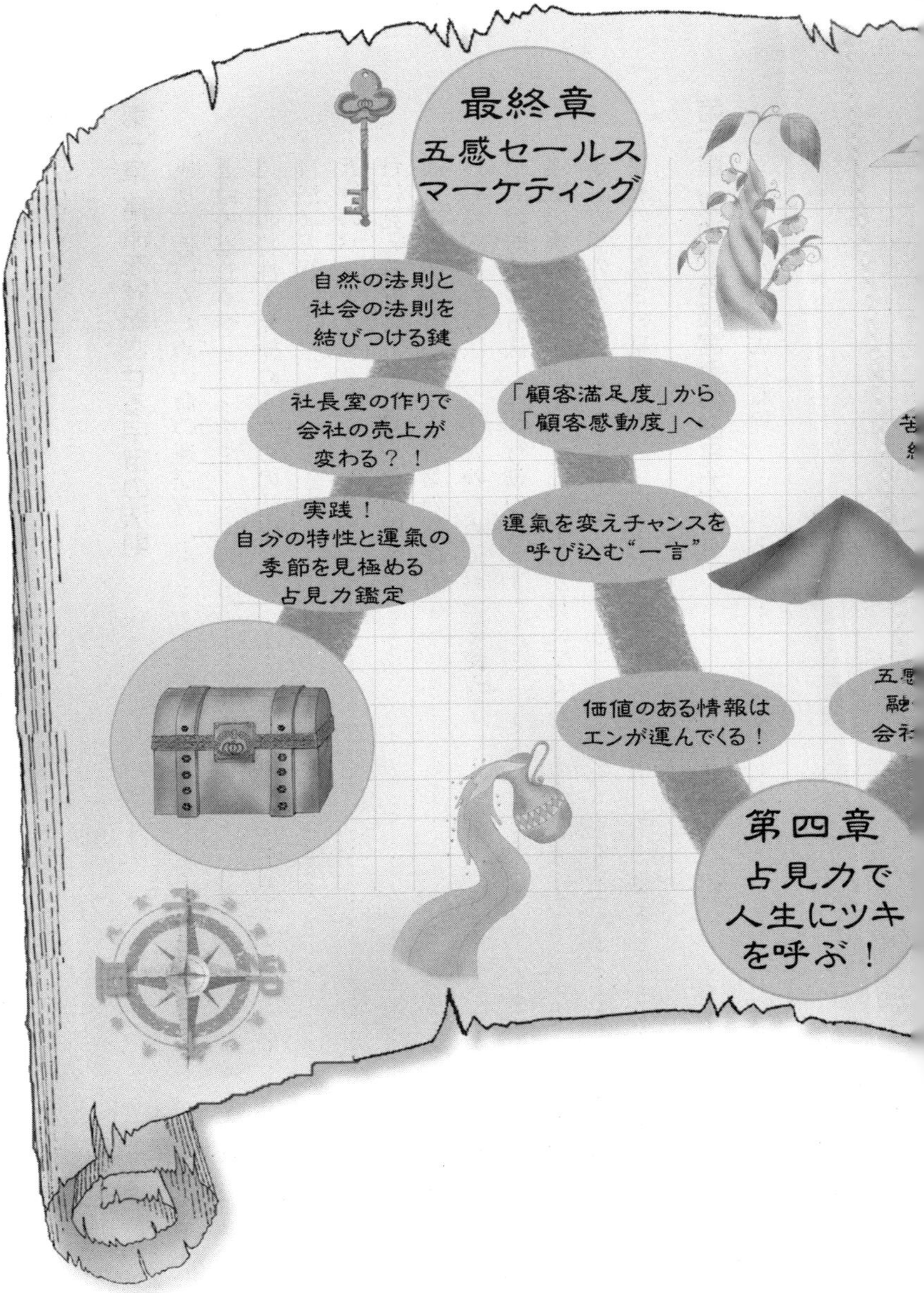
最終章
五感セールス
マーケティング
自然の法則と
社会の法則を
結びつける鍵
社長室の作りで
会社の売上が
変わる？！
「顧客満足度」から
「顧客感動度」へ
実践！
自分の特性と運氣の
季節を見極める
占見力鑑定
運氣を変えチャンスを
呼び込む“一言”
価値のある情報は
エンが運んでくる！
第四章
占見力で
人生にツキ
を呼ぶ！

第三章 人材を人財に変える占見力

第四章 占見力でビジネスにツキを呼ぶ！

第一章

運命を好転させる宇宙の法則

成功に近づくための命の運び方

私は、起業家のための講演会で出席者の方たちに時々こんな質問をしています。

「あなたにとって『成功』とはどんなことですか?」

すると……

「高層ビルの綺麗なオフィス」
「閑静な高級住宅街」
「愛する家族と過ごす休日」
「十分な生活ができる不労所得」
「運転手付の高級車」
「長期休暇の海外旅行」
「儲かるビジネスシステム」
「ブランド物の高級スーツ」
「著名人とのパーティー」

といったビジネス書などで、よく表現される成功者を連想させるキーワードが多く盛り込まれた、意欲たっぷりの楽しい回答がたくさん出てきます。

一般的な概念として、仕事もプライベートも一〇〇%楽しんでいて、経済的自由、時間的自由を手に入れた人が「成功者」として考えられているのでしょう。

この本を手にした方の中にも、こういうビジネスの成功者を夢見て仕事をしている方もいることでしょう。一方、そんな目標とは全く程遠い正反対の、どん底とも言える状況におかれている方もいることでしょう。

もし、**今あなたが成功とは全く反対の、どん底の状態、もしくはどん底ではないがこの先の人生に行き詰まりを感じているとしたら、それはまさに成功のスタート地点に辿りつけた証**だと、まずはお伝えしましょう。

誰もが、自分の思い通りになること（見た目に良いこと）を成功と思い、思い通りにならないこと（見た目に悪いこと）を失敗だと思います。

しかしながら、この見た目に悪いことは、自分が求めている、成功（見た目に良いこと）が起こる前兆なのです。

結果だけを見て、「失敗だ」と判断し、そこで終わりにしてしまったら、それ以上の結果を得ることは出来ません。

見た目に悪いことが起こっている時こそ、その見た目に悪い問題の中に、今の自分に足りないもの、これからの成功に欠かせない重要なヒントがたくさん隠されているのです。

人は、大きな壁、障害にぶつかった時、「これが私の運命なのか……」と悲観します。

私のところへ初めてご相談に来られる方の多くも、まさに大きな壁にぶつかり道を見失った状態の方ばかりです。

多くの方が、壁にぶつかり、見た目に悪いことが自分に起こった時、「運命なのだから仕方がない」と、そこで諦めてしまうのです。

しかしそれは、非常にもったいないことです。

せっかく成功のスタート地点にたどり着けたのに、成功することをあきらめてしまっては、手にしたかった成功はいつまでも味わうことはできません。

多くの人が、自分の力ではどうすることも出来ない、見えない障害を感じた時に、「運命」

という言葉を使うのでしょう。

でも、自分ではどうすることも出来ない大きな障害、果たしてそれが本当に運命なのか。

運命ってそんなもの？

そこでまず、あなたに確信を持ってお伝えしたいことがあります。

それは、
運命とは、決められたものではなく、自分次第でいくらでも変えることが出来るもの、言いかえれば自分自身が育てていくものだということです。


今、あなたの目の前に何か問題があれば、それはあなた自身が過去に作り出したことの結果です。過去のあなたが作り出した原因が、素直に結果として目の前に現れているだけなのです。

そしてこの問題には、これからあなたが成功に近づくためのヒントがたくさん隠されています。

ですから、これから先の未来を考えたときに、今の自分が考えていること、行動していることが必然的に未来の自分に結果となって現れます。

過去にしてしまった行動を帳消しにすることは出来ません。

しかし、過去の経験を活かして前に進めば、これから先の選択肢はいくらでも常にあなたの目の前にあり、あなたが望むなら今すぐにでも自由に選ぶことができるのです。

たとえ目の前に道がないように思える時でも、諦めなければ必ず道はあります。


「運命」という言葉は、「運ぶ」という動詞と、「命」という名詞からできています。

命をどう運ぶか、それが「運命」なのです。

会社に置き換えて言えば、自分が望む結果を出すために、**どのような道（手段・方法）で、命（会社）を、運んで（経営・継続して）**いくかが運命なのです。

会社をどのように運んでいくか、それを決められるのは経営者自身です。

経営者に限らず、自分の運命に対しては、誰もが自ら決めた意思と行動によって運命は変わるのです。

与えられた命、また自分が与えた命を、生まれてから死ぬまでの間にどのような命の運び方が出来るかを考えることが大事なのです。

「自分の運命も会社の運命も、自分で道を選び、運んでいくもの」

このことを大前提にこれからの人生を歩んで下さい。

見た目に悪いことが起こっても、そこで諦めずに、「自分の命をどうしたら、良い方向へ運ぶことができるか」を考えてみて下さい。

そう考え始めた瞬間から、あなたは既に自分の目指す成功に一歩大きく近づいたことになるのです。

運命の道しるべ

さて「運命を決めるのはあなた自身」という話をしましたが、最も効率的で最も良い命の運び方が、すでに分かっていれば誰も苦労はしませんよね。

自分の運命も、会社の運命も、自分の思った通りになれば最高です。

むしろ自分の思った通りの結果が得られていれば、それが自分にとっての成功なのでしょう。

それでは、どうしたら自分の思った通りの結果が得られるように、命を運んでいけるのかを、これからお話していきます。

まず最初に、自分が望んでいる結果（目的）を明確にしましょう。

当たり前のことながら、目的がはっきりと決まっていなければ、どの順路で、どの手段で命を運んでいくかを考えることは出来ません。

目的が明確になれば順路、手段を考えることは容易なことです。

しかしながら多くの方が、この目的をしっかりと立てずに、とりあえず動いてから探していこうという気持ちで行動してしまっているために、行動してから、わずかのうちに道に迷ってしまい、先の見えないトンネルに迷いこんでしまうのです。

会社の運命を運ぶなら、まず会社のビジョン（理念）をたてることです。どの会社でも既にビジョンを掲げているかもしれません。

しかし、**真の「ビジョン」は、どんな状況下でも揺らぐことなく絶対に守るべきルールでなければいけません。**

もし、ビジョンが様々な状況下によって変わってしまうものであれば、命を運んでいく目的地を見失ってしまいます。

あくまで主となる目的は、時代（トレンド）や経済に影響を受けようとも揺らぐことなく、しっかりと守り通せる目的でなければなりません。

また、個人においても生きる目的（ビジョン）をはっきり持つことで、初めて命の尊さを知り、自分の存在意義（生まれてきた意味）を再認識し人生を全う出来るのです。（後

述しますが、ここで言うビジョンは自然との共存共生を前提においたものでなければいけません）

「ビジョン」とはそういう意味では、会社自体の確固たる存在意義（ルール）と考えてよいでしょう。

主となる目的を決めたときに初めて様々な角度から、それぞれの目的地へ向かうための道筋、手段などが見えてくるのです。

ここで間違えてはいけないことは、この目的はもちろんお金や数字だけの目的ではなく社会の中で「何のために功を成すか（成功）」という目的のことです。

目的が決まったら、次はその目的へ向かうための道選びです。

道の順路は様々です。見るからに高くて険しい道もあれば、平坦で危険の少なそうな道もあります。

あなたが選ぶこの道は、目的地にたどり着くための方法です。

方法は何通りもあり、必ずしも正しい道、間違った道があるわけではありません。どの道を選んでも正しいのです。

しかし、選ぶ道、交通手段によって、目的地に到着出来る速度は異なります。また同じ道を同じ手段で進むとしても、その時の状況によって結果は異なります。その時々に一番合った道を選び、進むための手段を考えることが、効率的に目的地（結果）にたどり着ける方法なのです。

そこで、その時々に合ったベストな道選びと交通手段を見極めるのに、**「運勢」や「運氣」の状態を知る**ことが必要です。

ここで、運勢と運氣について少しお話しておきましょう。

運勢とは「勢い」を表します。

言い換えれば、自分の人生に影響を与える「風」のことです。

風には強い風もあれば弱い風もあります。また向かい風もあれば追い風もあります。

あなたも今までに感じたことがあるのではないでしょうか。何かを始めたときに勢い良く物事が順調に進むことや、反対にいくら頑張ってもなかなか思うように物事が進まないこと。

それが「運勢」です。

適度な追い風が後ろから体を押してくれれば、無風の時よりも何倍も加速をして前に進むことが出来ます。反対に向かい風では無風の時よりも風の抵抗を受けて、思うように進めず、必死に走ろうとしても無駄な体力を消費してしまうだけです。

このように今、自分に対して風がどのような方向から、どのくらいの強さで吹いてきているのかを知らなければ、無駄な体力を消費するだけではなく、進みたいと思っている目的地にもなかなかたどり着けません。


次に運氣とは、「氣（エネルギー）」のことです。

私たちがいつも与えられている自然界の無償のエネルギーや、先祖から引き継いできた感性や能力のことです。

分かりやすく言い換えると、太陽の光や、地球の酸素、重力などの、自然が平等に与えてくれるエネルギーも運氣の一つです。このエネルギーは私たちの生活に直結し、大きな影響力を持って存在します。

身近な例で言えば、猛暑が続いた年はエアコンや扇風機などの家電製品の販売期間が延び、秋になっても自動販売機の飲料水は、ホットよりもコールドが売れ続け、秋物の洋服などの生活用品が売れる時期は例年よりも短くなり売り上げに影響を与えます。

天候ひとつとっても、私たちの経済（景気）は大きく左右されるのです。

私たち人間は、この世の中の経済を自分たちの力で動かしていると思ってしまいがちですが、本当は自然によって私たちの経済は動かされているのです。

自然によって生み出された資源で私たちの生活は潤い、自然の驚異（天候・自然災害）によって生活が脅かされる。

このように自然という大きなエネルギーが、私たちの生活の根底にあると思うと、「運氣」に左右されない人間は一人もいないということが分かりますよね。

また後で詳しく説明していきますが、運氣は自然の四季のように春夏秋冬を繰り返し、常に変化するものでもあります。自然が春から夏になるように、一人ひとりの人生の運氣にも季節があるのです。

運勢、運氣の流れを見極めて、その時々に合った命の運び方をおこなうと、今自分が出している力の一〇〇%どころか、一五〇%も二〇〇%の力を出すことも可能です。

運命の運び方は、本来自分が持っている特性を知り、運氣の季節、風の強弱と向きを見際め、ベストな道選びをしながら上手に進んでいくことが重要なのです。

そして私は、そんな運氣の季節、運勢の強弱などを見際め、その個人に合った命の運び方をナビゲーションする案内人なのです。

運命の特性を見極めるための法則

さて、このあたりで早速、本書のテーマでもある占見力の根源についてご説明していきましょう。

私たちが住んでいるこの地球は、約四六億年前に誕生しました。

自然豊かな大地に、真っ青に広がる海。この自然界には、植物、動物が循環という見事なバランスを保ちながら、互いに共存しています。

実は、この自然界のあらゆる現象も、人間の運氣や運勢も、ある一定の法則の元にあるのです。

人間の感情や判断力の基となる運氣も、運命が進むときに大きな影響を与える運勢も、この法則に左右され、そして、人類の歴史も、この法則の基に動いてきたのです。

それこそが、「陰陽五行」です。

一度はこの言葉を、耳にされた方も多いことでしょう。

この陰陽五行とは「地球上にある全ての物事は、木《もっ》・火《か》・土《ど》・金《ごん》・水《すい》という五つの要素から成り立っていて、その木火土金水のそれぞれに、陰（影）と陽（光）の相対する二つの性質があり、そのバランスによって全ては営まれている」というものです。

「陰陽」と「五行」は、もとは別々に成立したものでした。起源ははっきりしていませんが、いずれも紀元前一〇三〇年から紀元後二二一年の中国で、周の時代には「世界を認識するための概念」として使われ始めたといわれています。やがて、漢の時代には二つが組み合わされ、今日のような「陰陽五行論」いわゆる東洋哲学の概念の一つとなったのです。

まずは、「陰陽」の説明からはじめましょう。

全てのものは、陰（影）と陽（光）に分かれるという考え方です。

例えば、天（陽）と地（陰）、太陽（陽）と月（陰）、昼（陽）と夜（陰）、男（陽）と女（陰）。月は「太陰」という呼び方もあり、太陽と月は、「太陽」と「太陰」と陽と陰に分けて呼ばれるのです。

また、存在するモノだけではなく、森羅万象すべてモノの状態も陰と陽に分かれます。能動的な状態を「陽」と呼び、受動的な状態を「陰」と呼びます。

陰と陽のイメージを簡単に表現すると、地球に太陽の光が当たる時、地球の半分は光に照らされますが、もう半分は陰になります。

このように、全ての物事が陰と陽のどちらの要素も持っていて、はじめて一つの物として存在しているのです。

宇宙や世界の全てのモノの存在や状態が陰と陽のどちらの働きも持ち、互いに引き合ったり、弾きあったりする相互関係（双方が存在するからこそ、互いが引き立つ関係）によって構成されているという理論が陰陽なのです。

陰と陽は絶対的なものではなく、時と場所、環境によって、反対の性質に転化することがあるのです。

例えば真っ白な紙も、太陽の下では影となり暗く見えますが、まっ暗な部屋の中では光のように明るく見えます。同じ物でもある人にとっては価値があるものも、ある人にとっては価値のない物となってしまうように。同じものでも捉え方、時、場所、状況により異なった意味を持つものになるのです。

自然＝五行

五行「木・火・土・金・水」のそれぞれの特性は、次の図の通りです。

この五つの物質の特長は、

- 木は、太陽という目標を持つことで、上へ上へ伸びようとする成長力があります。
- 火は、燃やすことにより熱や明るさなどのエネルギーとなり、自然に人を集める集客力があります。
- 土は、すべての土台となり、基礎となるバランス力、つなぎ目の役目があります。
- 金は、磨けば磨くほど光り、形が出来上がると少々のことでは変化しない強い確固さがあります。
- 水は、ほんの一滴の水から大河まで、場所により形を変化させ流れる柔軟性があります。

私たちの身の周りにある全ての物も、人間が作り出した家や車や道路も、全てこの五つの物質から成り立っています。

五行の特性

五行とは、木・火・土・金・水の5つの物質のことを表しています。
それぞれの特徴は下記の通りです。

木 ➡

樹木

太陽(目標)があると、枝を上へ上へと伸ばす成長力がある。

火 ➡

火・炎

暖をとる。料理をする。
火の周りには人を自然と集める力がある。活動的で向上心がある。

土 ➡

土

万物が生まれ、そして帰る場所。
全ての土台、基礎となるバランス力がある。

金 ➡

金

宝石の原石のように、磨いて輝く。
形が一度出来上がると、変化しない強い信念。確固さがある。

水 ➡

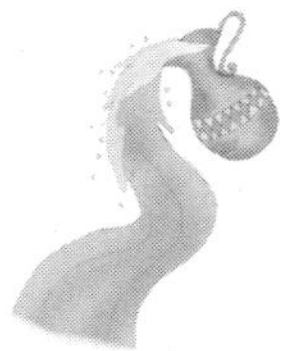

水

どこへでも形を変化させ流れる柔軟性がある。

この事には例外はなく、私たち人間もこの五つの物質によって成り立っていて、それぞれの性質を持っているのです。

五行のバランス

この地球にある、形のあるものから、形のないものまで全てを五つに分けた「木火土金水」は、それぞれに意味があり、さらに深い関係性で成り立っています。

その関係とは**「相生」と「相剋」という二つの関係**です。

「相生」とは「助け合う相性」の関係で、「木→火→土→金→水」の順で発生していく関係のことです。

順序は、次の図の通りです。

木は、燃えて火になります。（木生火《もくしょうか》）

五行の相生

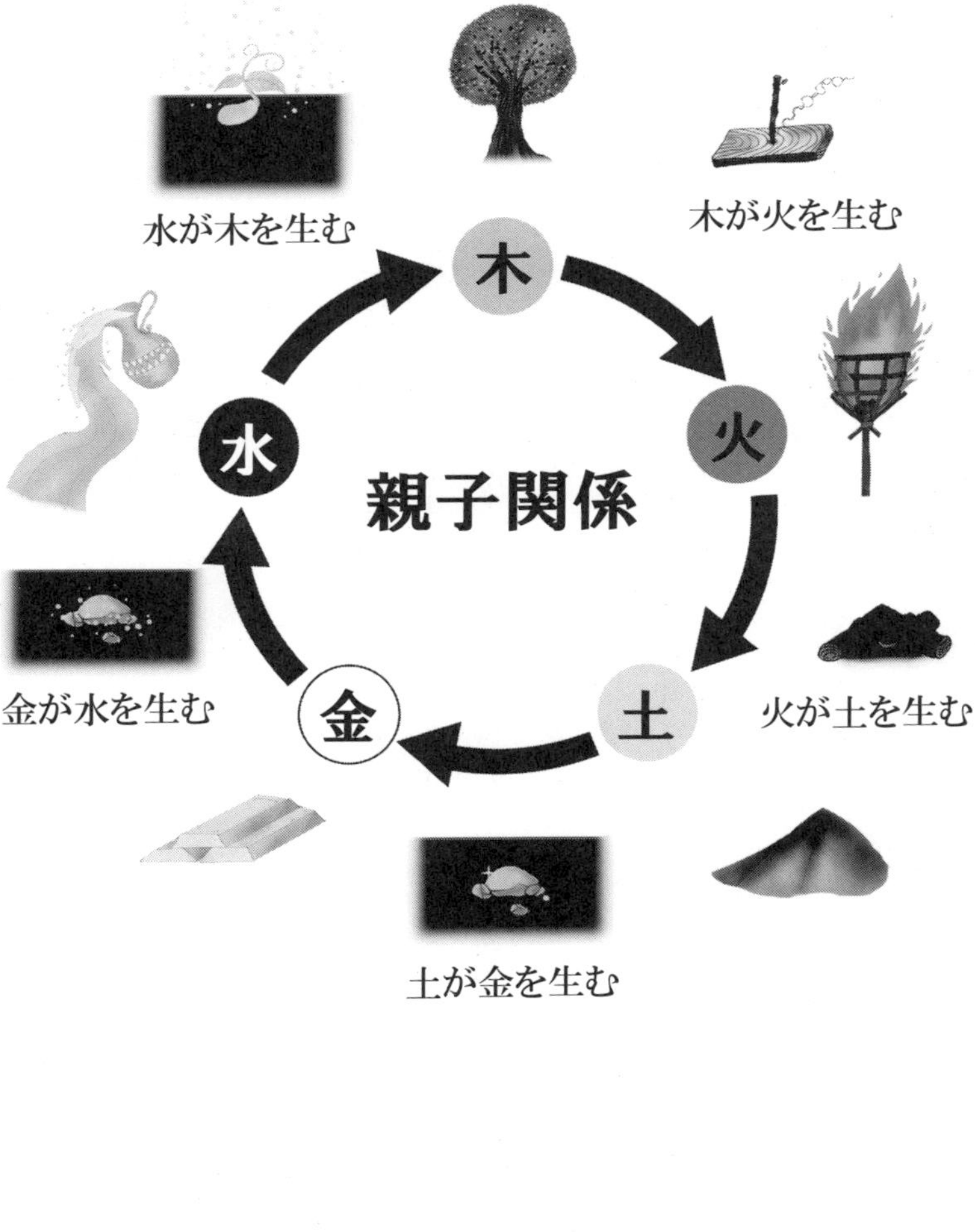

水が木を生む
木が火を生む
木
火
水
親子関係
金
土
火が土を生む
金が水を生む
土が金を生む

火は、燃え尽きて土になります（火生土《かしょうど》）
土からは金属（鉱物）が生じます（土生金《どしょうごん》）
金からは水が湧き出します（金生水《ごんしょうすい》）
水は、木に養分を与えます（水生木《すいしょうもく》）

分かりやすく言い換えると、木と木をこすり合わせると火がつき、その火はすべてを燃やし尽くし、灰と化して土にかえります。土の中では、長い年月をかけて、鉱物や金属が生み出され、そうして出来た鉱物や金属と土の温度差によって、金属の表面に水滴が発生し、水滴が寄り集まって水が出来ます。水は大河となり、多くの場所に流れ木を育てていきます。

つまり、お互いが愛情のある「親子の関係」にあるのです。

人間関係でいえば、自分を中心として、生んでくれた親、自分が生み出す子の関係が「相生」です。

次に「相剋」とは、ライバル関係の循環を表しています。

相生の順番を一つずつ飛び越した位置関係にあるものです。

五行の相剋

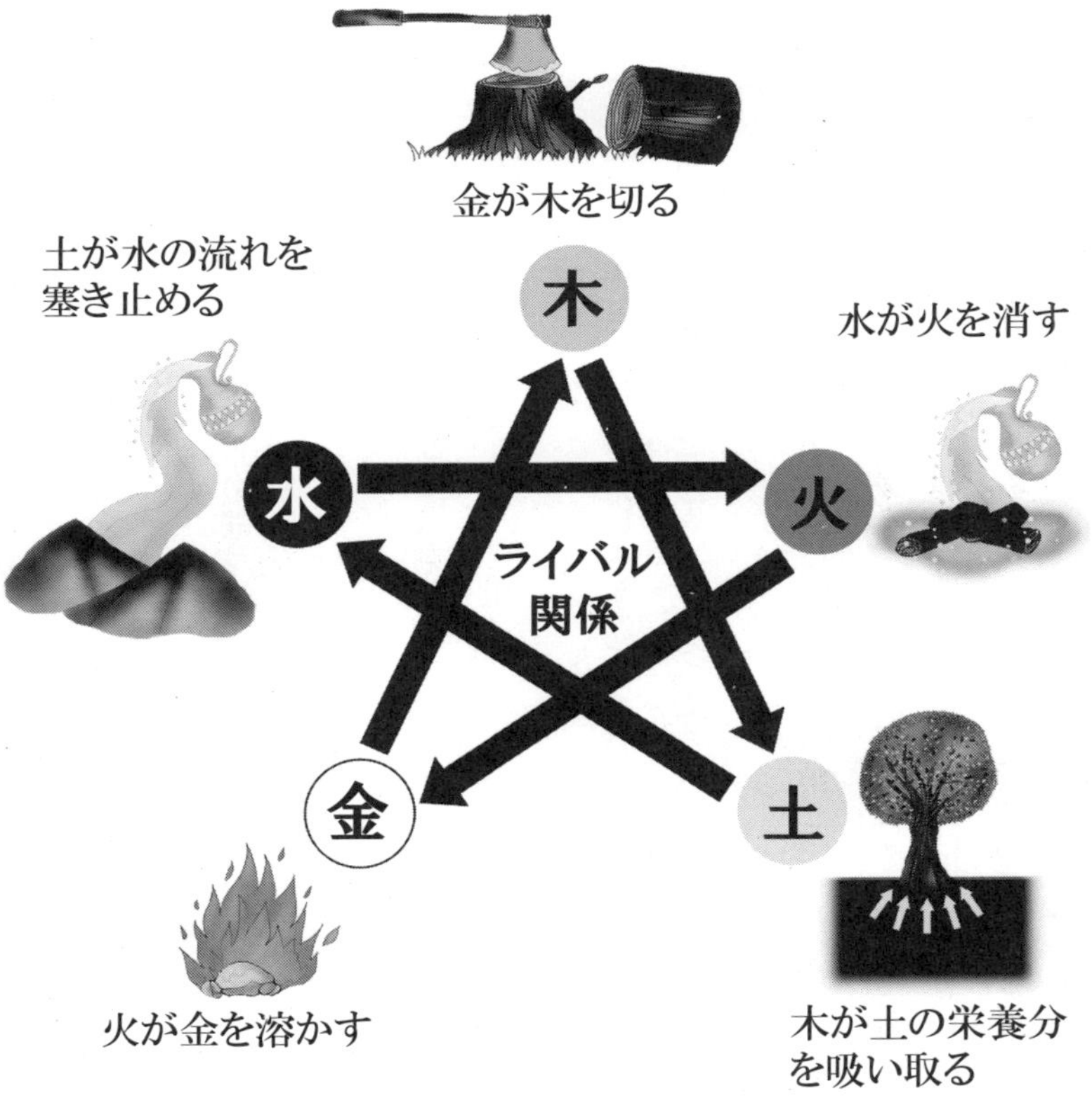
金が木を切る
土が水の流れを
塞き止める
木
水が火を消す
水
火
ライバル
関係
金
土
火が金を溶かす
木が土の栄養分
を吸い取る

順番としては「木↓土↓水↓火↓金」というようになります。

木は、土に根を張り、養分を吸い取ります（木剋土《もくこくど》）
土は、水を汚したり、せきとめたり埋め立てます（土剋水《どこくすい》）
水は、火を消します（水剋火《すいこくか》）
火は、金属を溶かして形を変えます（火剋金《かこくきん》）
金は、木を伐り倒します（金剋木《きんこくもく》）

つまりは、お互いに対立しあい、反発しあう「ライバル同士の関係」です。

人間関係でも、気の合わない人や苦手な人、会うとなぜか喧嘩してしまう人も、この相剋の関係にあるのかもしれません。

しかしながら、ライバルというのは、必要ない存在なのかというと決してそうではありません。ライバルは時として、互いに刺激しあって成長させることができる相手だからです。どんなに優れた特性を持っていても、その一つの特性だけでは成長は出来ません。ライバル関係にある自分とは違う物の見方、捉え方をする特性のものがいて初めて影響を受け成長することが出来るのです。

また面白いことにこの相剋の関係をよく見てみると、木が火を生み出すのに、相剋の関係にある金が必要になります。

何故なら、木は大木の状態では火を熾せません。火を熾すには金（金物の斧）などを使って木を切り小さく加工しなければ火を熾す道具にはならないからです。

ですから人間関係においても、気の合わない相手だからと言って距離を置いたり、毛嫌いばかりしていてはいけません。自分自身だけでは上手くいかないことも、相剋する相手がいて初めて新しく生み出せるものもあるからです。大切なことは、己を知り、相手を知り、お互いの良さを認め合う関係を築く気持ちを持つことなのです。

そのことを意識して、人との出会い、付き合いを築いていけば、あなたの周りは素晴らしい人間関係で繋がれていきます。

目に見える貯蓄と目に見えない貯蓄

さて、運氣がどういうものか少しお分かりいただけたところで、唐突な質問ですが、あなたは貯金をされていますか？

ＹＥＳと答えられた方、それでは、あなたは運氣の貯蓄はされていますか？

この世の中には、生まれながらにして金銭的に裕福な人とそうではない人がいます。また、経済的に豊かな国とそうではない国があります。

誰もがこの世に誕生して、この地球上のあらゆる自然の恩恵を受けて存在していることは平等ですが、残念ながら生まれてくる環境に関しては、全員が同じ条件ではありません。

ほとんどの人が、生まれ育った環境によって自分の一生が決まります。

生まれ育った家庭が経済的に豊かであれば、ある程度の暮らしが出来、将来に関してもある程度の選択肢が用意されています。

しかし、生まれながらにして経済的豊かさが備わっていても、必ずしも誰もが幸せというわけではありません。

お金が十分にあっても、愛情の乏しい家庭で育てば、お金の価値よりも愛情の価値を求めます。何故なら人はお金がいくらあっても愛情が足りなければ幸せを感じることが出来ないからなのです。

先ほどの質問で、お金の貯金と運氣の貯蓄のことをお聞きしましたが、実は、この目に見える貯蓄（お金）と、目に見えない貯蓄（運氣）をバランスよく持っていなければ、本当の成功を手にすることは出来ないのです。

多くの人は、お金さえあれば幸せになれるのに。という気持ちを抱きます。

もちろん、お金は大切なものです。

私たちが生活していく上で、お金がなければ食事を摂る事も家に住むことも、服を買うことも出来ません。お金は、衣食住という生活に必要な最低条件を満たす上で欠かすことが出来ないものだからです。

しかしながら、目に見えるお金の貯蓄にばかり囚われ、金銭的な価値ばかり追い求めてしまうと、次第に自分の周りには金銭的価値に重きを置いた人間関係で繋がるようになります。お金によって繋った人間関係はお金が無くなった途端、お互いを繋いでいた唯一の共通点を失い簡単に崩れてしまうのです。

お金があっても無くても、心から信頼できる人間関係が自分の周りにあってこそ、本当の成功を手にすることができるのです。

また、この二つの貯蓄は深いつながりがあります。

簡単に言うと、

運氣の貯蓄をたくさんすれば、その分、お金の貯金にもつながるのです。

何故か。

それは、運氣の貯蓄をたくさん貯めた分だけ、自分の周りに本当に価値のある人間関係を築き上げることが出来るからです。

価値のある人間関係は、その人に必要なだけのチャンスをあらゆる方向から運んできてくれます。

『チャンスなんて他人から貰うものじゃない、自分で掴みとるものだ』と、思われる方もいらっしゃることでしょう。

確かにチャンスを引き寄せるには自分自身の努力が必要です。

良い商品を作り出すのも、周りに働きかけ人脈を築くのもあなた自身の情熱と努力があってこそのものです。

しかしながら一つだけ確かなことは、最終的に購買を決定するのはお客様の意思判断だということです。

どんなに良い商品やサービスを提供できるとしても、それを購入し利用してくれるお客様がいるからこそ、商売は成り立つのです。

ですから、チャンスは自らの力でつかみとるという単純なことではなく、あなたが周りの人たちにどれだけ応援されているかという事実なのです。

もちろん、多くの人に応援された人ほど、金銭的豊かさを得られるチャンスも増えていきます。

ですから、**運氣の貯蓄は高ければ高いほど、あなたの目指している命の運び方に近づけ、人生を思い通りに楽しく生きていける**のです。

運氣の貯蓄を多くするほど人生の選択肢が増えます。

それは、貯蓄をした分だけ様々な経験ができ、たとえ苦しいことや辛いことが起こっても、その苦しみを真の幸せに変えることの出来る物の見方が備わるからです。

さて、ここで気になるのが、運氣の赤字と黒字はどのようにして出来るのかということですよね。

それでは、まず運氣の赤字が出来る原因についてお話ししましょう。

それは、自分が普段接している人たち、家族や友人や恋人、仕事の仲間に迷惑をかけるような過ちは当然運氣の赤字になります。

迷惑を直接かけている覚えがなくても、感謝の心を持たず、不満ばかり口にしていたら、その不満な気持ちも赤字になります。

また、自分の身近な人に限らず、私たちは日常の中で、数え切れないほど多くの人たちと接して生活をしています。

自分では意識していない、ほんの一瞬の出会いと別れに、あなたがどのような気持ちで接しているかで、運氣は赤字にも黒字にもなるのです。

通勤電車の中で、誰かの足を踏んでしまったのに謝らなかった。

仕事でミスをした人に、嫌味を言ってしまった。

掛かってきた営業電話にイライラして、怒鳴ってしまった。

など、普段の生活の中で後味の悪いことを無意識のうちにしていますよね。

心に余裕のない時に多々出てきてしまうものです。

気持ちがウキウキしている時は寛容になり、譲る気持ち、許す気持ちが生まれます。しかし心に余裕がない時には、ほんの少しのことで怒ってしまったり、辛くあたってしまって、人が喜ぶことを率先してやろうという気持ちはなかなか起こりません。

しかしながら、この心の余裕の無さは運氣の貯蓄にとって、負の連鎖ともいえます。

心に余裕がない ↓ 誰かに嫌味を言う ↓ 運氣の赤字を作る ↓ チャンスが巡ってこない ↓ 思い通りにいかずイライラする ↓ 心に余裕がなくなる……

といったように、借金の連鎖と同じように、いつまでも悪い負の連鎖から抜け出すことが出来なくなり、さらに運氣の赤字は増えてしまうのです。

そこで、運氣の赤字を黒字に変えるためにはどうすれば良いか。

それは心に余裕がない時ほど、深呼吸をして冷静さを取り戻して人と接することです。

嫌なことをされてイライラしたら、反対に誰かに優しく接したり、辛いことがあったら、あえて笑顔を作って自分の心を癒すことです。「笑う門には福来る」の要領でまずは自分の内面から負の連鎖を断ち切りましょう。そうすることで赤字は少しずつ減り、黒字に変わっていきます。

何より、自分の心も人に優しく接することで、初めて余裕が生まれてくるのです。

もちろん無理をして、必死に優しくしようと頑張りすぎる必要はありません。

頑張りすぎることで余計に疲れてしまい、余裕が生まれる前に自分自身がダウンしてしまうこともあります。

無理せず一呼吸おいて、なるべく優しい気持ちを保つことを心がけるだけで十分です。

この行動を繰り返すことによって、あなたの運氣は少しずつ財産となり、多くのチャンスを運んできてくれるようになるのです。

生まれながらにして金銭的豊かさがなくても、運氣の赤字を黒字に好転させていく力を持てば必ずチャンスは得られます。

先祖が築いてきた会社や財産だけでなく、運氣の貯蓄も活かし切れず、さらには赤字にしてしまう人も少なくありません。

一方、先祖から多くの赤字を受け継いで生まれても、その赤字を償うだけでなく、運氣の貯蓄を重ね成功を手にする人もたくさんいます。

先祖からの運氣の貯蓄が多くても少なくても、たとえ赤字を受け継いでしまっても、あなたの日頃の運氣の貯蓄と命の運び方次第で、大きな成功を手にすることはできるのです。

もっと大きな視点で運氣の貯蓄を見れば、現代の私たちの豊かな生活は、他でもない私たちの先祖が作り上げてきた素晴らしい恩恵です。しかしながら、この豊かさを当たり前に感じてしまい、私たちは日々運氣の赤字を作ってしまっているのも事実です。これから先の未来を担う子孫に、私たちも出来る限り運氣の貯蓄を行っていけるよう一人ひとりが意識をしていくことが大切なのです。

運氣の貯蓄の方法 〜①言葉の選び方〜

運氣の貯蓄が、自分の思い通りの人生を運ぶためのチャンスを与えてくれるものであることが少しお分かりいただけたでしょうか?

そこで、今日から誰でも簡単に始められる運氣の貯蓄の方法を三つご紹介しましょう。

一つ目にご紹介する運氣の貯蓄は、**言葉の選び方**です。

今日から意識的に、運氣の貯蓄が貯まる、黒字の言霊をなるべく使って、運氣の赤字を作る、赤字の言霊を避けるようにしましょう。

この黒字の言霊を積極的に三〇日間試してみてください。

ある人の言葉に、

人との縁が心を動かし
心（感動）が意識を作り
意識が行動を作り
行動が習慣を作り
習慣が人格を作り
人格が運命を作る

という言葉があります。

誰でも一人では生きていけません。必ず生きている中で人との出会い（縁）があります。この一つ一つの縁から生まれた感動によって、自分では考えてもみなかった色々な気付きが生まれてきます。

その気付きが、「やるぞ」という意識に変わり、その意識が行動に変わります。

行動が習慣化すると、やがて習慣化した日々の行動が、その人の人格そのものに影響を及ぼし、最終的に自分の目指していた、命の運び方が自然と出来るようになるのです。

行動したことが習慣化されるまでには、人の脳の仕組み上、約三〇日間という期間が必要になります。

今日から、三〇日間意識的に黒字の言霊を選んで使うことで、今まで無意識に使っていた赤字の言霊が次第に出なくなるようになります。

当たり前のように、黒字の言霊が口からでてくるようになれば、周りの人から見たあなたの印象もグッと変わり、あなたを取り巻く環境も次第に変わってくるでしょう。

人の印象の約七割を占めるのは、声質や話し方などの言葉だと言われています。

言葉を発するということは、自分の心の中の意識が、口から息と共に外界に飛び出したと同時に生きづけられ、自分の意識が初めて現実のものとなるのです。ですから、ただの言葉だと安易に考えて軽々しく口にしてはいけません。言葉によって自分の意識も変わるばかりか、それ以上にその言葉によって周囲の人たちが受けるあなたの印象が大きく変わっていくのです。

いつも、後ろ向きな言葉を発する人よりも、前向きな言葉を発する人の方が、その人に対して可能性や夢や希望を感じ、自然と人が集まるようになります。

さらに集まってきた人に対して、投げかける一言一言に思いやり、誠実さ、幸福感が溢れていれば、その言葉が価値のある人間関係を生み、チャンスを運んでくるのです。

黒字の言霊と赤字の言霊は、次のリストの通りです。

黒字の言霊

自分に対する言霊	他人に対する言霊
ツイてる	ありがとう
やったー	有難い
楽しい	おはよう(気持ちの良い挨拶)
充実している	感動した
出来る	君なら出来る
やってみよう	あなたが必要です
幸せだ	一緒にいたい
気持ちが良い	その気持ち分かるよ
すがすがしい	すごいね
今日も頑張ろう	尊敬してます
嬉しいな	きっとよくなる
最高だ	センスが良いね
輝いている	どういたしまして
美しい	癒される
簡単だ	良い刺激になる
	素敵だ
	おかげ様で
自信・達成・幸せを感じる力	共感・伝達・共創の力

赤字の言霊

自分に対する言霊	他人に対する言霊
ツイてない	おせっかいだ
つまらない	君では無理だ
退屈だ	あなたは必要ない
出来るわけがない	別れたい・離れたい
無駄だ	ぜんぜん分からない
不幸だ	普通だね
むかつく	真似したくない
むなしい	もう駄目だ
気分が悪い	センスがない
適当でいいや	あいつはバカだ
悲しい	常識だろ
最低だ	うざい
ブルーだ	
汚い	
難しい	
自信・達成・幸せを感じる力	共感・伝達・共創の力

いかがですか？

普段意識をしていない時についついい言葉に出してしまう赤字の言霊はありませんか？

他人に対して、直接赤字の言霊を面と向かって言う方は少ないかもしれませんが、第三者に「あの人っておせっかいだよね」「恋人と別れたい」「部下が出来ない人間ばかりで困っているよ」など、相談やグチといった形で口にしていることは多々あります。

相談であっても赤字の言霊は言えば言うほど、自分の印象をマイナスに導いていくので気をつけるように心がけてください。言葉は生きていることを忘れないようにしましょう。

運氣の貯蓄の方法　～②人のためにお金を使う～

二つ目の運氣の貯蓄方法は、お金の使い方です。

世界最大の投資持株会社バークシャー・ハサウェイの最高経営責任者であるウォーレン・バフェット氏。

まだ記憶に新しい話で、ご存知の方も多いと思いますが、彼は二〇〇六年、資産の八五％を複数の慈善財団に寄付すると発表し、この寄付額は、アメリカ史上最大の金額であると多くのマスコミに取り上げられました。

ビジネスで成功を収めた経営者の多くが寄付を行っていますが、何故多くの成功者たちが寄付をするのか？

それは先ほどお話した、運氣の貯蓄とお金の貯金にとても深いつながりがあるからなのです。成功者の多くがまだ成功していない段階から寄付活動をしているのには、運氣の貯蓄を行うためには、人のためにお金を使うことが重要だと分かっているからなのです。

『お金は天下の回り物』と昔から言われています。

『簿記』について詳しい方もいらっしゃると思いますが、簿記で使われる借り方、貸し方という名称の由来は、キリスト教の教えで「商売は神から富を借りて行うもの」という考え方からきているそうです。

お金は、人間の体で言えば全身を巡る血液と同じです。血液の循環をどこか一部で止めてしまったら、大変なことになります。血液が行き届かなくなった末端から次第に細胞が壊死していきます。

お金もまさに、世の中をぐるぐると循環する血液と同じなのです。誰かがお金の流れを大きくストップさせてしまえば、その分、お金が行き届かなくなる場所が出てきます。お金が行き届かなくなった国から、経済がマヒし、国が潰れ多くの人が路頭に迷うことになるのです。

その余波は、必ず巡り巡って自分のところへ戻ってきます。

経済がマヒした国が一つ出来れば、その国と取引をしていた国が潰れ、また、その国と取引していた国が潰れ、見た事も聞いたこともない国が一つ潰れれば、順を追って自分の国にもダメージが来るようになるのです。

そのことをよく分かっている成功者たちは、自分の儲けの何％かを必ず寄付し、お金がこの世の中にしっかり循環するようにしているのです。

もちろん、一家庭、一企業のお金の貯金が、国の経済に直接及ぼす影響はさほど大きいものではありません。

しかしながら、多くの家庭、多くの企業が少しずつでも貯め込むようになれば、その金額は膨大な額になります。

お金を使うことを恐れ、貯め込むことばかりしては、さらに状況は悪化するばかりなのです。

では、お金をどんどん使えば、さらに自分に巡ってくるお金が増えるのか？

と思われるかもしれませんが、そうではありません。

ここで重要なことは、お金の使い方です。

自分の欲を満たすためのお金の使い方は、決して自分の元に巡り巡って戻ってくるお金にはならないのです。

それには、運氣の貯蓄が大きく関係しているからです。

お金を自分の欲のためだけに使えば、それで得をする人、嬉しい人は誰でしょうか？

もちろんそれは自分自身だけです。

車を買ったり、家を買ったり、美味しい料理を食べたり、自分の欲を満たし、お金を使うことによって、もちろん市場にお金は流れるようになります。しかしながら誰かのためにお金を使い、喜ばれなければ、ただお金を消費したことに過ぎません。

お金の消費は誰でも行っています。

必要最低限の生活をしていれば、必ずお金は使わなくてはいけないシステムになっているからです。

しかし考えてみて下さい。

今まで自分のためだけに使ったお金が自分のもとに戻ってきたことはありますか？

おそらく、そういう経験をされた方はほとんどいないと思います。

言葉の選び方と同じように、自分以外の誰かにも喜びをあたえるお金の使い方をしなければ、運氣の貯蓄にはなりません。運氣の貯蓄が少なければチャンスも減り、自分のもとへ巡ってくるお金も少なくなるのです。

人に希望を与えるお金の使い方。

人を助けるお金の使い方。

人を喜ばせるお金の使い方。

人に夢を与えるお金の使い方。

人を応援するお金の使い方。

自分以外の誰かのために、ほんの少しでも使うことを心がけてみて下さい。

必ず、そのお金は巡り巡って、あなたのもとへ最高の形で戻ってくるはずです。

つまり寄付とは、目に見えるお金によって、目に見えないものへの投資（運氣の貯蓄）が出来るのです。

運氣の貯蓄の方法　～③行動の仕方～

最後の運気の貯蓄方法は、行動の仕方です。

「トイレ掃除をすると運氣が上がる。お金が貯まる」という話を聞いたことはありませんか？

多くのビジネス書で取り上げられているトイレ掃除と成功者の因果関係ですが、これは何も摩訶不思議な超常現象やおまじないではありません。

トイレ掃除をすると成功するという根拠はたった一つ。

人が避けること（掃除）を率先して行える姿勢を持つことが成功の秘訣ということです。

何より自分の始末が出来なければ、人の上に立って大勢の人の人生に責任を持つことは出来ません。

トイレは、排泄をする場所ですから、掃除を率先してやろうという気にはなかなかなれませんよね。ましてや、不特定多数の人が利用する公衆トイレで、自分が用を足した後に綺麗に掃除する人はとても珍しいでしょう。

でも、このトイレ掃除が出来るか出来ないかで、運氣の貯蓄には大きく差が出てきます。

汚れたものを清くすることは、間違いを正すことに繋がります。

自分のしたことの後始末をすることは、「結果」を見て「反省」し、次の「行動」につなげる「循環」を作ることでもあります。

この後始末という姿勢の基本が、排泄した後のトイレをキレイに掃除するという行為から生まれてくるのです。

誰もが手を付けたくない避けたい仕事（掃除）を率先して行うとどうなりますか？

間違いなく、周りの人たちは快い気持ちになります。

これは、「功を成す」ということの一つでもあります。

また、他人が嫌がる仕事は絶対的にライバルが少ないというのも重要なポイントです。

誰もがやりたい仕事、見た目にかっこいい仕事は、残念ながらライバルがとても多く、ほんの少しの努力では成功にはつながりません。

しかし、ライバルが少ない仕事であれば他人と争わずとも、いち早く成功を収めることが出来るのです。

ここで一つ重要なことがあります。

誰もが避けたい仕事を率先して行う時には必ず「皆が喜んでくれるからやろう」という純粋

な気持ちを持って行わなくてはなりません。

間違っても「皆がやらないから、自分がやってあげたんだ」という姿勢を持ってはいけません。その気持ちは行動に現れ、人に感謝されるどころか、恩着せがましくて嫌なヤツというイメージにしかなりません。

トイレ掃除に関しては一つの例に過ぎませんが、トイレ掃除は誰もが避けたいと思う一番身近な仕事だからこそ、やった後の効果も早く現れるのです。

また、掃除は無心になることができ集中力が増します。

頭と心をリセットし集中力を高める効果があります。仕事の合間に眠くなった時や、頭が働かず集中力が途切れてしまう時など、ちょっとした頭と心の切替えに行ってみてはいかがでしょうか。

掃除は周囲の人や場所に対して清いエネルギーをもたらせてくれる最高のパワーアップ方法です。

トイレ掃除に限らず、会社の業務の中で、他人が嫌がる仕事は数多くあります。誰もが嫌がる仕事だから後回しにしよう、とギリギリまで見てみぬふりをされて放って置かれている仕事は山ほどあります。まさに臭いものにはフタをすることと同じですね。しかし、そういった業務は時間が経てば経つほど、悪い結果を生み出す原因にもなります。

社員一人ひとりが、嫌な仕事を率先して片付けていく姿勢があれば、業務効率も格段に上がります。会社の運氣を底上げするためにも、他人が嫌がる仕事を率先して行う姿勢をまずは経営者自身が持つことがとても大切なのです。

運氣の季節が分かると、正しい経営が見えてくる

さて、運氣の貯蓄について少しお分かりいただけたところで、自分が目指す目的地まで命を運んでいくために、もう一つ大切なことがあります。

それは、**運氣の季節を知る**ことです。

私たちが住んでいるこの日本には自然の移り変わりを実感できる四季がありますよね。

春、夏、秋、冬の各季節には、それぞれの特徴があります。

夏にスキーをしたくても、冬に海水浴をしたくても、その希望を叶えることは難しいものです。また夏にスキー用品を売りたくても、冬に海水用品を売りたくても、季節ハズレの商品を

売るのはたやすいことではありません。

この自然の四季と同じように、運氣にも四季があり、その運氣の季節に応じた命の運び方があるのです。

季節ハズレな命の運び方は結果を出すのに相当の苦労を強いられます。しかし、季節に合った命の運び方をすれば、無理なく目的地に到着できるだけでなく、各々の季節で様々な知恵が身についていくのです。


運氣の四季に応じた命の運び方を簡単に説明すると、

冬…地中で種が育つ（種まきの時期）
春…芽が出てくる（育苗の時期）
夏…花が咲く（手入れの時期）
秋…実がなる（収穫の時期）

という季節のサイクルに合わせた、命の運び方をすれば秋には収穫（結果）が獲られるのです。

まずは、**自分の運氣が今どの季節にあるのかを知ることが重要**です。

それには、巻末の早見表で計算をすると、すぐに分かりますので、時間があるときに是非お試しください。

ここで、それぞれの季節の特長と季節に合った命の運び方を、会社の経営を例にして説明していきましょう。

【冬】…地上（社外）に目を向けずに地中（社内）へ目を向ける時期

種（会社のビジョン）を、地中（社内）でじっくりと育てる時期です。

会社の事業の目的を徹底させ、「どんな花を咲かせるか（どのような商品・サービスを提供していくか）」をこの時期にしっかり考えましょう。そして、商品やサービスを選定したら、技術を磨いたり、商品作りに時間をかけましょう。

また、冬は人材育成に最も適した時期でもあります。

これから会社を支えてくれる人材を育てるには、相応の時間がかかります。会社が繁忙期となる夏の時期には、ゆっくり人材を育成する時間を持つことがなかなか出来ません。しっかり利益を生み出せる一人前の人材に育てるための育成期間だと考え、目先の利益よりも、これから訪れる季節のための基盤作りに重点をおくこと（内の充実を図ること）が大切です。

【春】…地上（社外）に芽（商品・人材など）を出す時期

春は、冬にしっかり育てあげた芽（会社の基盤となる理念・商品・人材）を外に出していく時期です。

重要なことは築き上げた会社の基盤を上手に社外へ出し、アピールしていくことです。商品であれば、冬の間に開発した新商品の売り込みに力を注ぎましょう。芽は地上に出たと同時に、雨や風（クレーム・批判）などの外的な影響をダイレクトに受けるようになります。この時、冬にしっかりと大地に根を張っていたかが重要です。

冬にしっかりとした基盤が築けていれば、雨風に怯えることはありません。むしろ雨や風（クレームや批判）は、芽の成長には欠かせないものです。しっかりと受け止めて、芽をさらに成長させるための肥やしにしましょう。しっかりとした基盤が築けていないと、根ごと水に流されてしまうので、気をつけて下さい。

外に出た芽に絶やさず栄養（商品を売るための販売戦略やマーケティング）を与え続け、枯れることのないよう大切に育てていかなければなりません。

【夏】…芽（商品・人材）が育ち、茎や枝が伸び（販路が広がる）、花（自社のブランド）

が咲く時期

芽が育つと先端からつぼみが出てきます。

つぼみは、種の時に選定（企画）した通りの花を咲かせます。

花は、言わば確立した商品・サービス（自社のブランド）なのです。

世間に会社の印象をどう与えるかが、この時期の重要なポイントです。

会社のブランディング向上のための策も練っていきましょう。会社の強みを作ることに力を入れることです。

また、春から夏にかけては会社の運氣のエネルギーも大きくなり、色々な物事に挑戦が出来る時期です。しっかりとした基盤を築き上げていれば、会社を拡大させていくのに良い時期でもあります。新事業の立ち上げ、経営の多角化にはこの時期が一番適しています。


【秋】…花（自社ブランド）は、次の種を作るための実（利益）に変わる時期

天に向かって元気よく咲いていた花は、やがて大きな実（利益）をつけて、頭を地面に向けて下げていきます。

今まで築き上げたものに対して、大きな収穫が獲られる時期です。

ここで重要なことは利益が得られたことに、喜んでばかりいてはいけないということです。今まで行ってきた事業の振り返り（反省）を行うようにしましょう。

この反省は、次に植える種の品種改良（事業の再構築）でもあります。また次ぎに訪れる寒い冬に向けて新たに植える種は、どのような花を咲かせ、実を実らせるか。そのために、どのような品種改良が必要になるのかをじっくり考えていきましょう。以前、経験した一度目の冬の時期よりも、はるかに色々なアイデアが湧いてくるはずです。人材育成のアイデア・商品開発のアイデアなど、会社を継続し、より強い企業作りの元となる種を作りましょう。

いかがでしたか？

春夏秋冬の四季を通して、命（会社）の運び方（経営）が少しお分かりいただけたでしょうか。

自然の流れに逆らう「季節ハズレな経営」は苦しいばかりか、長期的に企業を継続していくことが難しくなります。季節に応じて会社を伸び伸び育てていく経営が、長期的に会社を繁栄させる秘訣なのです。

よく占いの本などで、運氣の流れを上昇期（良い時期）、下降期と（悪い時期）と説明され

●運氣の流れは四季と同じ

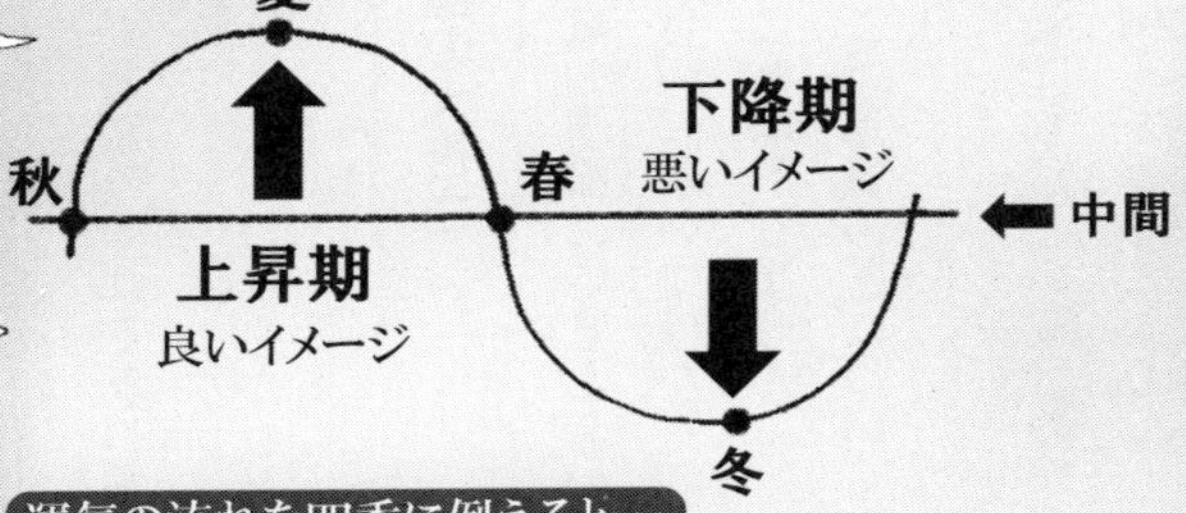

運氣の流れを四季に例えると・・・

夏は、育った芽（商品）が花（自社ブランド）を咲かせる時期。
会社や商品のブランディング向上になる戦略を練りましょう。

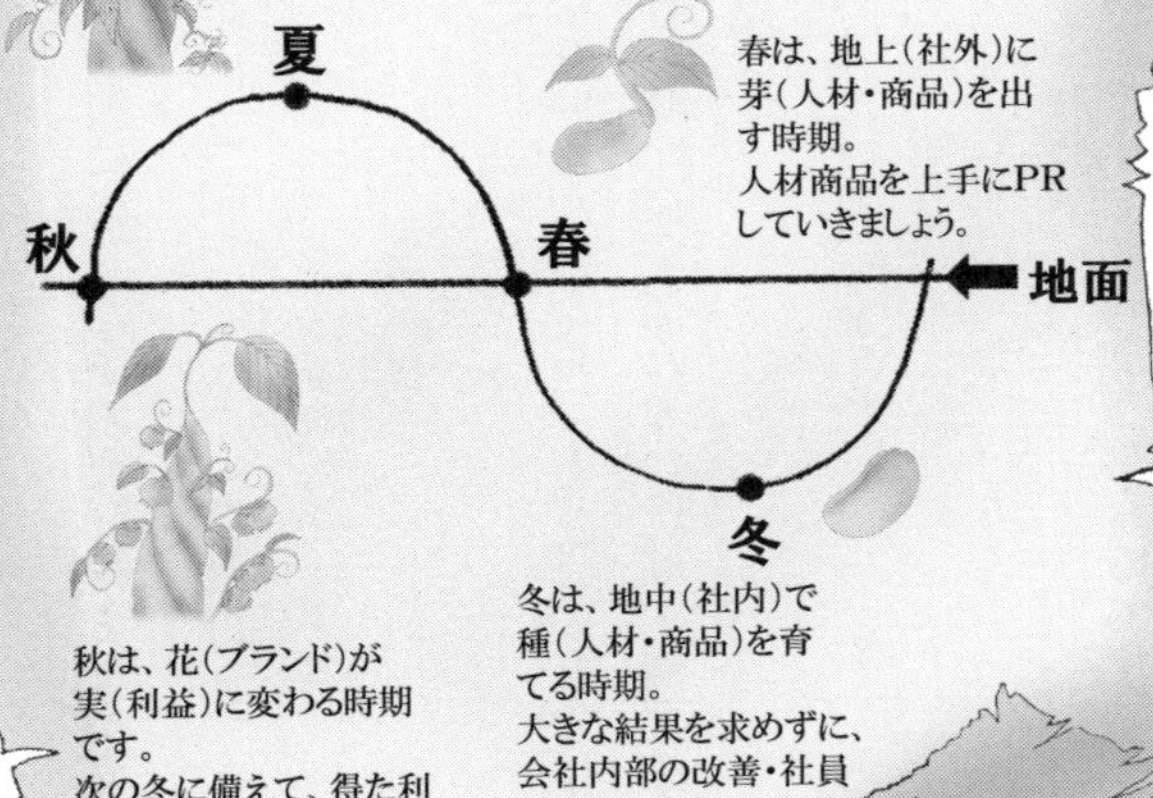

春は、地上（社外）に芽（人材・商品）を出す時期。
人材商品を上手にPRしていきましょう。

秋は、花（ブランド）が実（利益）に変わる時期です。
次の冬に備えて、得た利益から、新しい種の品種改良（会社の改善）に皆で取り組みましょう。

冬は、地中（社内）で種（人材・商品）を育てる時期。
大きな結果を求めずに、会社内部の改善・社員の育成に力を入れましょう。

ることがありますが、運氣には良い時期も、悪い時期もありません。

あくまで、運氣のそれぞれの季節の中で、その季節に応じた命の運び方を行っていけば良いだけなのです。

運氣の器の大きさ

さあ、運氣の季節に応じた命の運び方がお分かりいただけたら、もう恐いものはないですね。

運氣は、良い、悪いではなく、自然の流れに合わせて命を運んでいけば、無理をして苦しい思いをすることはありません。

さて、ここで運氣の器についてもお話しておきましょう。


だれの運氣にも器というものがあります。

この器は例えてみると「心（心技体）のキャパシティー」のようなものです。

運氣の季節（春夏秋冬）ごとに、それぞれの命の運び方があるのには、この運氣の器の大きさが深く関係しています。

●運気の季節と器の大きさ

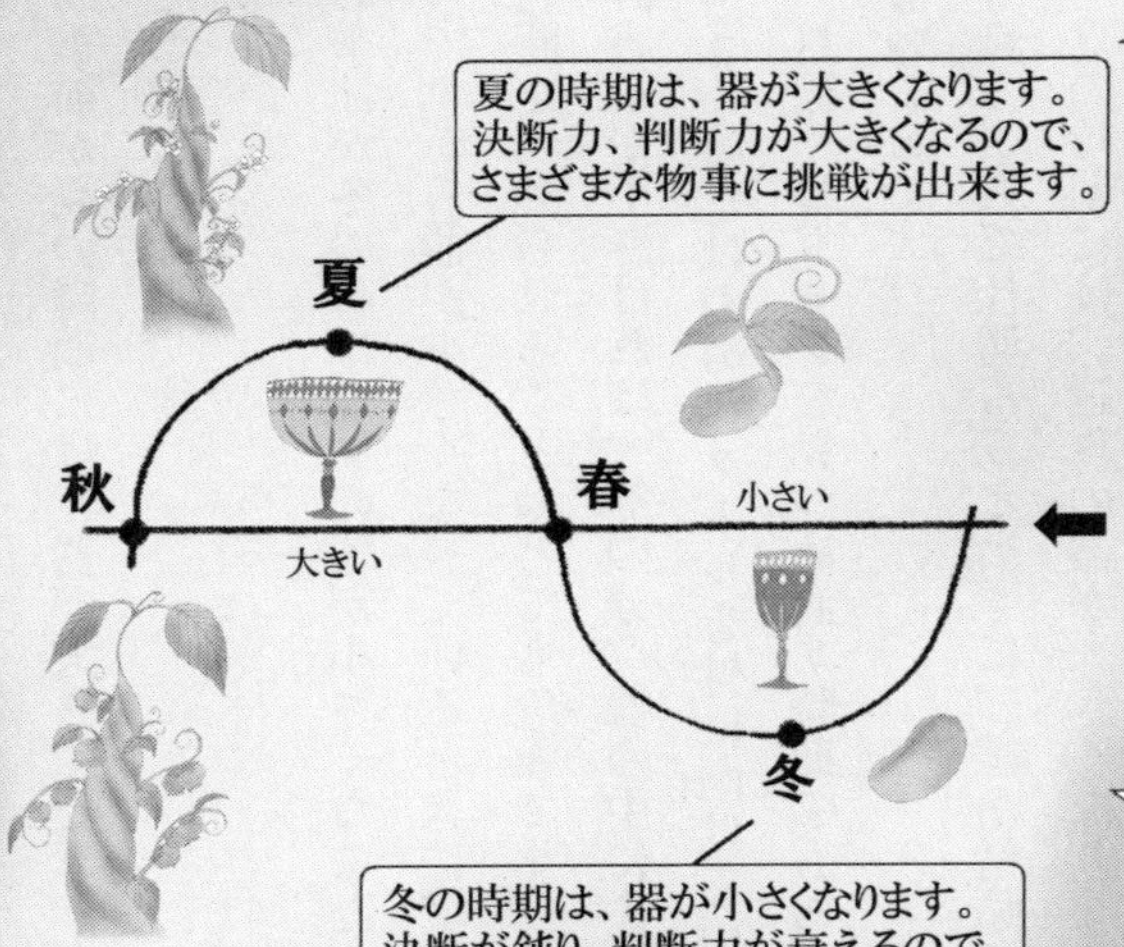
決断が鈍り、判断力が衰えるので、
大きな決断、行動は避けましょう。

ワンポイントアドバイス

大きいとき

器の大きい時は、色々なものが詰め込めるので、色々な物事に挑戦ができます。

小さいとき

器の小さい時は、詰め込める量が限られているので、目的を1つに絞りましょう。

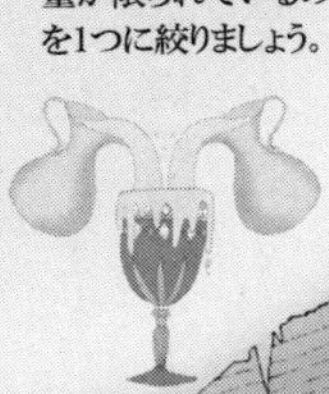

器の大きさは決まったものではなく、常に運氣の季節によって変化するものです。運氣の季節が夏の時期には、器が大きくなり、冬の時期には運氣の器は小さくなります。図にするとこのような形です。

運氣の季節が冬の時は運氣の器が小さくなるため、決断力・判断力が鈍り、忍耐力もなくなります。ですから器が小さくなっているときに、新しいことを始めたり大きな決断を下したり、重大な判断を任せられることはとても危険です。

器の許容量が小さければ、その分、器の中に入れられる量も限られてしまいます。

器が小さい時には力のベクトルを外に向けるのではなく、自分の内側に向けるようにしましょう。目標やビジョンを見つめ直す時期でもあります。欲や望みは小さくして、大きな結果を求めないことです。

仕事も自分一人で仕切ろうとせずに、誰か信頼できる人の助けを借りる素直さが重要です。

また、夏の時期には、運氣の器が大きくなります。

器が大きくなったときこそ、色々な物事にチャレンジできる時期です。

今まで計画していて実践していなかったことなど、思い切って挑戦してみましょう。むしろ、この時期に動かなければ結果が得られません。たとえ失敗をしてしまっても、そのリカバリーが出来るだけの判断力（気力）、行動力（体力）も備わっています。

先ほどお話ししたように、運氣はお金と同じです。

お金は儲かる時期には貯めて、儲からない時期に、貯めた貯金を少しずつ使いますよね。これは、運氣も同じことです。

器が大きく、色々な物事に挑戦できる時期に、事業投資や技術開発、新規事業の開拓を行い運氣を貯めておきましょう。器が小さく、行動範囲も縮小しなくてはいけないときには、貯めた良い運氣を使って運氣の補充が出来ます。

自分の運氣の器の大きさを正しく知ることは、経営者には特に求められます。

なぜなら、**経営者の器の大きさは、その会社の器の大きさとリンクするからです。**

自分の運氣が小さいときは会社の運氣も小さくなり、大きいときには、会社の運氣も大きくなる。

運氣の器の大きさで、会社の事業の進め方、方向性に大きく影響するのです。

運氣の器が小さい時も大きい時も、自分の運氣を見極めて、柔軟に対応できることで会社に利益を与えることが出来ます。

そして最も優れた経営者とは、柔軟性があり、様々な状況下で、自らの運氣の器の大きさに応じて上手に運氣とお金の貯蓄が出来る人なのです。

運氣の大きさの見極め方

さて、運氣の器の大きさを、誰でも簡単に見極められるポイントがありますので、ご紹介しておきましょう。

運氣の器は、「心のキャパシティー」です。

日頃の自分の心理状態や行動が、運氣の器の大きさを表しています。

次の例題の心理状態と行動を今の自分に当てはめて答えてみて下さい。

運氣の器の大きさチェック

下記の8つの質問に、YESかNOでお答えください。

Q1 たまの休日には、友人たちと大勢で賑やかにすごしたい

□ YES　□ NO

Q2 最近疲れやすく、また疲労からの回復が遅い

□ YES　□ NO

Q3 仕事は部下に任せるよりも自分でやった方が早い

□ YES　□ NO

Q4 少しのミスもない完璧な仕事を誰にでも求める

□ YES　□ NO

Q5 最近、本や映画などで深く感動した

□ YES　□ NO

Q6 人と会うよりも、一人で考える時間を大切に思う

□ YES　□ NO

Q7 他人が驚くことを率先してやりたくなる

□ YES　□ NO

Q8 昼食時にメニュー表を見て食べたい物が中々決まらない

□ YES　□ NO

Q9 最近身だしなみには気を使っている

□ YES　□ NO

運氣の器の大きさの回答は
次のページで解説しています。

運氣の器の大きさの解説

Q1　たまの休日には、友人たちと大勢で賑やかにすごしたい

YES ➡ 器が大きい時　NO ➡ 器が小さい時

休みの日でも一人で家にこもらず、誰か他人と接して賑やかに過ごしたいと思うときは、気力体力ともにとても充実していて運氣の器が大きい証拠です。

Q2　最近疲れやすく、また疲労からの回復が遅い

YES ➡ 器が小さい時　NO ➡ 器が大きい時

「病は氣から」という言葉通り、器が小さい時は気力も体力も小さいので、疲れた分の休みはなるべく取るように心がけましょう。また、仕事に対する集中力も小さくなっていますので、少しずつ堅実的な仕事の進め方をしましょう。

Q3　仕事は部下に任せるよりも自分でやった方が早い

YES ➡ 器が小さい時　NO ➡ 器が大きい時

仕事を誰か他人に任せるよりも、ついつい自分で仕切って一人で解決してしまうのは、他人に対して心が開けていないのと同時に、他人を育てる心の余裕、時間のゆとりがないと感じる時です。
心に余裕がない時ほど、冷静になって他人に助けを求めてみましょう。

Q4　少しのミスもない完璧な仕事を誰にでも求める

YES ➡ 器が小さい時　NO ➡ 器が大きい時

普段から仕事に対して完璧な状態を追求するのは良いことですが、少しのミスも許せず、他人にも自分のワーキングスタイルを押し付けてしまうのは、あまり好ましくありません。特に、普段なら許せるミスもやたらと気になって、他人を怒鳴る回数が増えたと感じた時は、運氣の器が小さくなっている時です。運氣の器が小さい時には、自分の望みも他人への望みも小さく持つことで少しのことにも満足感を得ることが出来ます。

Q5　最近、本や映画などで深く感動した

YES ➡ 器が大きい時　NO ➡ 器が小さい時

心に余裕があると、五感が冴え、感情が豊かになります。
器が大きい時は、小さい時に比べて、同じものを見ても、聞いても、触っても、インプット出来る容量が大きい分、圧倒的にたくさんの情報を吸収出来るため、感情も豊かになり、思考能力も増し行動も自然と伴います。

運氣の器の大きさの解説

Q6 人と会うよりも、一人で考える時間を大切に思う

YES ➡ 器が小さい時　NO ➡ 器が大きい時

人と会うには、体力も気力も必要です。
心に余裕がない時は、人と接して色々な情報を得るだけの体力と気力が備わっていません。力のベクトルが内に向いている時は無理せず、力のベクトルを内側に向け、じっくり次の運氣に向け自分の内面を充実させるための勉強や趣味に時間を使いましょう。

Q7 他人が驚くことを率先してやりたくなる

YES ➡ 器が大きい時　NO ➡ 器が小さい時

自分以外の人のことを考えられるのは、心に余裕がある時です。
家族や恋人や友人の誕生日や記念日でサプライズをして相手を喜ばせたいと思うときは、心に余裕がある上に想像力も活発になっています。
また、最近人助けをする機会が多くなったという時も、無意識のうちに、自分の心に余裕が出来ている証拠です。
少々面倒に思えることでも、運氣の貯蓄にも繋がるので、出来る限り人助けを行うようにしましょう。ただし、助けた相手に対して、過度な期待や見返りを求めないようにしましょう。

Q8 昼食時にメニュー表を見て食べたい物が中々決まらない

YES ➡ 器が小さい時　NO ➡ 器が大きい時

運氣の器が小さいときは、ごく身近なことにも決断力判断力に鈍りがでます。
何を食べたいのか分からずメニュー表の隅々まで見渡して、長々と迷ったけど、結局最初に目に付いた物を頼んでしまうという時は、今自分の体が欲している物に対して、五感が敏感に感じ取れなくなっている証拠です。

Q9 最近身だしなみに気を使っている

YES ➡ 器が大きい時　NO ➡ 器が小さい時

身だしなみに気を使うことは、他人の目に映る自分を意識していて、他人に自分を理解してもらいたいという気持ちが表れている証拠です。
器が大きくなっているときは、様々な物事に挑戦したくなる時期なので、今まで関心が無かった分野の趣味なども幅広く取り入れて、さらに自分のフィールドを広げられる良い時期です。この時期に様々なことにチャレンジしてみてください。

さあ、いかがでしたでしょうか？

今の自分の心情、行動に当てはまるものはありましたか？

もちろんこの判断だけでは偏りも出てきてしまいますが、運氣の器は如実として、行動、心情に現れます。

先ほどの例にしても、自分だけの判断ではなく親しい人たちに客観的な意見を聞いてみると、さらに適切な回答が得られると思います。中には、自分では気づけていないところを指摘されることもあるかもしれません。

第二章
成功する経営者の占見力

経営において必要な能力と言ったら、何が思い浮かびますか?


資金を効率的に無駄なく動かし、殖やすための財務力。

世の中の情勢を見極め、事業の方向性を見極めるための一歩先の先見力。

経営者、社員が一丸となってまとまりのある企業を作るマネジメント力。

いざという時に迷わず正しい結論を出すための決断力。

商品やサービスを生み出すための、企画力、創造力、開発力。


経営者に求められる能力を上げたらキリがありませんが、こういった能力を身に付けようと思っても、これらの能力は一朝一夕で身につくものではありません。

相応の勉強と、経験、何より時間が必要になります。

しかしながら、じっくり時間をかけたからといって必ずしも、誰もが身につくものとも限りません。

また経営者という立場は、迷い考えている間もなく、常にリアルタイムで結果を求められます。

そこで、二章からは経営者にとって必要な能力を短期間で効率良く身につけるための方法についてお話していきましょう。

五感こそ永遠の成功原理

自社の商品やサービスを、より多くの人から求められるようになるにはどうしたら良いかと、どの経営者も日々頭を悩ませていることでしょう。

どうしたら、大衆ウケする商品、サービスを提供することが出来るのか?

それには一言で言えば、経営者が**しなやかな感性を持つこと**です。

しなやかな感性とは、すなわち「五感を豊かに働かせる」ことです。

視覚・聴覚・触覚・味覚・嗅覚という五感は、現代のビジネスのあらゆる面で必要になります。

かつて日本は戦後間もない頃、物質的にとても貧しい時代を経験しました。

食料も、家庭用品も、生活に必要なモノは、ほとんど戦争で失ってしまいました。

その当時は、モノが手に入るというだけで、ありがたい時代だったのです。

しかし、現代はモノに飢えていた時代とは違います。欲しいと思うモノは何でも身近に存在し、とても簡単に手に入れることが出来ます。むしろ、簡単に手に入るがゆえに、選ぶことの難しさも感じるようになりました。

そして私たち消費者が、モノを購入する時の選ぶ基準も進化し続けているのです。自分の趣味嗜好に合ったものだけではなく、さらにその奥にある違いを見抜くようになりました。技術がこれだけ進歩している今、その違いがどこにあるかというと、それは感性の違いでしかないと私は思っています。

商品に込められた作り手の感性です。
感性は、「感じる」ことで「心」が生まれます。
お客様に心が生まれます。
まさに感性が売り上げを左右すると言っても過言ではありません。

商品に限らず、お客様や取引先に対する感性が会社の印象を変え、果てには、会社の経営にも大きく関わってくるのです。

感性を感じさせるモノを作り出すには、会社自体が感性豊かな組織でなければなりません。それには社長自らが五感をフルにつかい、商品やサービス、また部下に対し向き合っていかねばなりません。

視覚・聴覚・触覚・味覚・嗅覚というものは、普段無意識のうちに使っていていますが、この五感によって私たちは大量の情報を得て、動かされているのです。

私たちが五感によって、様々な情報を得て、五感によって動かされていることを身近な例でお話ししてみましょう。

あなたが、ランチの時にいつも通り、会社付近の店先を見ながら「今日は、昼飯何にしようかな」と歩いていると、ちょっとした人だかりを目にしました。

何気なく立ち寄ってみると、新装開店のラーメン屋があります。

店頭には、ラーメンの写真が載ったメニュー表。

真新しい店なので、味が美味しいか半信半疑でしたが、メニュー表の写真があまりにも美味しそうに見えたので、試しに入ってみることにしました。

店に入ると、出汁《だし》の利いたスープの香りが店中に充満していて、その香りを吸い込んだ瞬間から食欲がみるみる湧いてきました。

しばらくすると、目の前に、出来たての熱々のラーメンが「おまちどうさま」と料理人の自信に満ちた勢いのある言葉と同時に目の前に出され、顔いっぱいに湯気を感じます。

一口スープを口に含み、麺を勢いよくすすると、その舌触りや触感が口の中いっぱい広がります。自分の想像していた以上の美味しさに、ちょっとした感動をして店を後にしました。

それから数週間後……。

部下が昼休みに何を食べるか雑談している話が耳に入ってきました。

「久しぶりに、ラーメン食べたいなぁ」

『ん……ラーメン?』その言葉を耳にしたとき、先日行ったあのラーメン屋の味が、頭に生き生きとよみがえってきます。

「そうだ。またあのラーメンを食べに行こう!」

早速、昼休みにラーメン好きの友人を誘って食べに行くことにしました。

誰でも経験のあることですよね。

目で見て（写真を見て）興味を持つ↓匂いをかいで（出汁のきいたスープの香りで）美味しさを想像する↓肌で感じて（顔に湯気の暖かさが触れて）実感し↓食べて（歯ごたえ、味で）確信する↓言葉を耳にして（連想させるキーワードを聞いて）思い出す。

この五感をフルに使って全身で感じた情報は、無意識のうちにインプットされ記憶となって残ります。そして、ふとした時に記憶が呼び起こされ、また次の行動に繋がるのです。

人は日々大量の情報を得て、無意識に重要か重要ではないかの判断をしながら、情報の整理をしています。

人間の脳には、「短期記憶」と「手続き記憶」という二種類の記憶があります。

深く覚えたものは、一ヶ月後も忘れる事はない反面、浅く覚えたものは、数分後でも忘れてしまうのです。

「短期記憶」とは、電話番号をメモするために記憶する時や、試験の時などに、問題の動向を覚えるなど、視覚だけで覚える一時的な記憶のため、すぐに忘れてしまう特徴があります。

それとは逆に、「手続き記憶」とは、繰り返し記憶して行く事や感動した事など体験して五感で感じ取って、思い出として記憶されるものです。

もっと簡単に言ってしまえば、やらなければいけない、というようにマイナスな思考の中で義務的に記憶しようとした場合、人間は「短期記憶」を使い、自らやりたい、学びたいと思うようなプラスの思考で積極的に記憶していく場合は「手続き記憶」となって無意識に深く頭に残るのです。

先ほどのラーメン屋の話でいえば主人公（あなた）は、ラーメンを視覚・嗅覚・聴覚・触覚・味覚の五感全部で感じ、美味しいと思いました。（ラーメンが苦手な人は自分の好きなお店、好きな料理を思い浮かべてみてください）

その瞬間、あなたは理屈ではなく、このラーメンに対し興味を持ち五感をフル回転させ、このラーメンの記憶を「手続き記憶」として頭の中に残したのです。

もし、そのラーメンが「匂いが好きじゃない」「見た目が嫌い」「触感が苦手だ」など自分にとって合わない要素があれば、その瞬間、五感はそれぞれの機能を断ち、あなたの脳の中でそのラーメンの記憶はいつ忘れてもいい「短期記憶」として処理されるのです。

もちろんそうなれば、あなたの周りでラーメンの雑談がされていたとしても、また何かのきっかけであなたがラーメンを食べたいと思っても、あなたの記憶の中のラーメン屋として思い出されることはないでしょう。

また、「好きな店（ひいきの店）ができる原理」というものは、この五感だけに限ったことではありません。

言い換えれば、五感だけではまだ弱い。と言った方が正しいでしょう。

先ほどのラーメン屋の話の続きを例に、「好きな店ができる原理」についてご説明しましょう。


さて今度は、ラーメン好きの友人と一緒にあのラーメン屋に入ることにしました。

店に入ると以前と同じように、あの出汁《だし》の利いたスープの香りが店中に充満していて、香りを吸い込んだ瞬間、あの深いスープの味わいがみるみると鮮明によみがえってきました。

席につくと早速、以前食べた自分のおすすめの一品を友人に語りはじめます。

「ここのラーメンの特長は、出汁がたっぷり効いたスープの深い味わいと、柔らかすぎず固すぎず、これぞ職人技という麺の程よい固さが最高なんだよ」

まるで、自分が作ったラーメンかのように熱く語っていると、二人の目の前にあのラーメンが登場しました。

早速スープを一口、そして麺をゆっくりすすって味わいながら食べると、やはり期待を裏切らないあのラーメンの絶妙な味に、改めて感動をします。

興奮冷めやらぬまま、あなたは早速、友人にも感想を求めます。

友人は、まだ一口二口しか食べていませんが、あなたと同じようにラーメンの味に感動しています。今までたくさんのラーメンを食べてきたけど、ここまでツボに入ることは珍しい。などと友人も相当気に入った様子で、ラーメンについて熱く語り、楽しいひと時を過ごして店を後にしました。

「好きな店（ひいきの店）ができる原理」私はこれを《五感×メモリー（同意・否定）》と呼んでいます。

言うなれば、**《五感×メモリー（同意・否定）》が行列（リピーター）を生むのです。**

その実態を解明する前に、ここで一つ質問です。

あなたのお気に入りのお店を三つ挙げてみてください

その店には、何がきっかけで、いつごろ誰と行ったのか？（もしくは一人で行ったのか？）

いかかですか？

そろそろ答えは出たでしょうか？　あまり深く考えすぎずパッと思い浮かんだ店を想像してみてください。

そして、その店に行くきっかけは何だったのか、誰と行ったのか、などなど。記憶の糸を辿って思いつく限り、その場面を思い出してみてください。

最初に答えを言ってしまえば、「好きな店（ひいきの店）ができる原理」には、五感だけでなく『思い出』が必要なのです。

この思い出が《五感×メモリー（同意・否定）》のメモリーに当たる部分で、人は一つの事に対し、自分以外の複数人と意見・考えを共鳴させることにより、そこに思い出が生まれるのです。

先ほどのラーメン屋の例でいえば、あなた（主人公）が連れて行った友人に、『このラーメン美味しいよね』と自らの意見を伝えたのに対し、相手が『美味しい』と同意したので、その瞬間、あなたの中で『やっぱりこのラーメン屋は美味しいんだ、自分の考えは間違っていなかったんだ』と、まるでラーメンが自分の存在を肯定してくれるかのように感じて、楽しいラーメンの思い出が生まれるわけです。

逆に、相手が同意せずに『そう? 微妙じゃない?』と否定したならば、その瞬間、あなたの中で『そんな筈はない。君の舌が鈍いんだ。でももしかしたら自分の味覚がおかしいのだろうか』と、そのラーメンや相手に対し、一種の不信感を募らせるだけでなく、自らの味覚をも疑ってしまうような体験をし、そこにつまらないラーメンの思い出が生まれるのです。

どちらの場合も共通するのは、あなた(主人公)が五感を使い、ラーメンの記憶が『手続き記憶』となっている点です。

そのため、その後どこかで「ラーメン」や「スープ」というキーワードが耳に入った瞬間、あなたの頭の中では「そういえば美味しいラーメン屋があったんだ」という良い記憶や「美味しかったような気がするけど何だか行きたくない」という嫌な思い出が即座に蘇るのです。

後述しますが、この思い出を喚起させるキーワードを私は《トリガー(記憶の引き金)》と呼んでいます。

十中八九、先ほど聞いたあなたのお気に入りのお店は、気の合う複数人（二人〜）で楽しい体験をした良い思い出のある店でしょう。

思い出は五感全部の集合体でもあり、まったく別の総称たるものでもあるのです。

料理や商品に対し満足であったとしても、それにまつわるエピソードが最悪なものであれば、《五感×メモリー》のメモリーの部分が『否定』に働き、良くない思い出として頭に残ってしまうのです。

ここまでの話しを一度まとめてみましょう。

- 人間の脳には、「短期記憶」と「手続き記憶」という二種類の記憶があり、五感を使った記憶は「手続き記憶」として頭の中に残る。
- 好きではないもの、義務的に覚えようとするものは、五感の機能が鈍り、いつ忘れてもいい「短期記憶」として処理されてしまう。
- 《五感×メモリー（同意・否定）》が行列を生む。

メモリーには《同意と否定》の二種類があり、五感をフル回転させたとしてもメモリーが否定に働けば良くない思い出として残る。

・五感が機能し、「手続き記憶」として残った思い出を呼び起こすのが、関連したキーワードである《トリガー（記憶の引き金）》。

五感を使った「手続き記憶」については、受験戦争で勝ち残るため、日々奮闘している学生にとっても効率の良い勉強法として知られています。

テキストを見るだけでなく、見ながら、そして声に出しながらノートに書くと「手続き記憶」として頭に残るので忘れにくいというものです。

さて、どのようなメカニズムで五感が働いているのかを見てみましょう。

浅）テキストを見るだけ＝視覚を使う
中）テキストを見ながら、ノートに書く＝視覚、触覚を使う
深）テキストを見ながら、声を出しながらノートに書く＝視覚、聴覚、触覚を使う

また、先ほどのラーメン屋の話もあったので続けて飲食店の例で見てみましょう。

浅）雑誌の特集ページで記事を見つける＝視覚を使う
浅）人づてに体験談を聞く＝聴覚を使う
浅）店の前を通る＝嗅覚を使う
中）一人でご飯を食べに行く・試食する＝味覚、視覚、嗅覚、触覚を使う
深）仲の良い有人と一緒に食べに行く＝味覚、視覚、嗅覚、聴覚、触覚を使う

この違いに気づきましたか？　視覚だけでなく、触覚も使う。さらに聴覚を使うというように、より五感を使った体験の方がはるかに記憶として残りやすいのです。

それはなぜか？

そう、お祭しの通り五感を機能させることにより、その体験は「手続き記憶」として頭の中に残るからなのです。

経営者にとって、学びとは情報を得るための一つの手段であり、アイディアを形にす

る情報源であり、そして失敗から身を守る防衛策でもあります。

ここまで読んでくださった読者の方ならば、すぐに忘れてしまう「短期記憶」にならないよう、五感を使い「手続き記憶」として、日々の生活の中からあらゆる情報を記憶していこうと感じていただけたでしょう。

また自らの学びの問題だけでなく、この「手続き記憶」とはお客様を自社・店舗のファンにさせるためのマーケティングであり営業手法でもあるのです。

五感を最大限に活かしたマーケティングについては、第五章で詳しくお話しますので是非ご活用下さい。

経営者にとって、五感とは、まさに世の中のニーズを読み取り、事業の方向性を見極めるためのアンテナです。

かつて、農業、漁師業、大工業といった、天候に左右される職業の人たちは、翌日の天気を五感で感じ取っていました。

今は天気予報もかなり正確になり、あらゆる場所であらゆる情報を得られる時代になりましたが、それでも自然を相手にする仕事は感性が研ぎ澄まされていなければ成り立ちません。収穫量も影響を受け、感性が鈍ければ、命を危険にさらすことにもなるでしょう。

五感の大切さは、自然と密に接している職業の人だけではなく、全ての業種の経営者にも言えることなのです。

周りを見渡してください。

普段何も意識せず歩いている近所の商店街。いつも利用する最寄り駅。通勤途中の車内で流し目に見ていた街の看板の数々。これらの目に見えるものも、少しずつ変化をしています。時代の変化と共に大衆が求めるものが、常に最前線に形となって私たちの目の前に現れます。街の変化は言わば経済の鏡とも言えるでしょう。

次に耳を澄ませてください。何が聞こえてきますか？

人々の不満の声、要望の声「もっと〇〇だったらな」「こんな〇〇があったらな」そんな声が聞こえてきませんか？

たまには、家族、友人、恋人の何気ない会話に耳を澄ませてみてください。

誰かが漏らしたささいな不満の声や要望の声は、ヒット商品、サービスを生み出すための最高のヒントが隠されています。

お金をかけて情報を収集する前に、まず感性を磨くことが重要です。

お金をかけて集めた情報であっても、その情報を収集するための方法が間違っているケースもあれば、情報によっては自分自身にとって価値のないものもあります。

また、同じような形で誰でも得られる情報ばかり収集していては、競合他社と同じ情報に左右されながら、商品・サービスを企画していくことになるのです。

「心耳を澄ます」という言葉がありますが、目で見るのではなく、耳で聞くのではなく、心を済ませてこそ「見えなかったものが見え」「聞こえなかったことが聞こえる」というように、成功できる経営者は常に五感を研ぎ澄ませているのです。

世の中全体の五感が鈍っている時代だからこそ、五感を研ぎ澄ませた企業だけが、いち早く消費者の心を掴む商品を開発できるのです。

そして、五感で得た情報から「お客様にさらに喜んでいただくためには何が必要か?」という「真心」を常に持つことが、運氣の貯金につながりファンを魅了し続ける最大の秘訣なのです。

会社のレベルが決まる！経営者に必要な五つの徳

成功している経営者にとって、五感を磨き感性をしなやかにして、商品やサービスの開発に必要なヒントを得るのは、とても重要なことです。しかし、成功している経営者、企業の多くが共通して、さらに大切にしていることがあります。

企業、経営者にとって、もっとも必要なモラルについてこれからお話しましょう。

成功に欠かせないモラル。

それが、**五徳**です。

五徳とは、「仁・礼・信・義・智」の五つの徳のことを表します。

この五つの徳は企業を存続させる上で、とても重要なモラルです。

事業が一時的に成功し大きな利益を生んでも、ゴーイングコンサーン（偉業の永続性）を失くした現代において、会社が長期的に多くの人たちに支持されることは難しいものです。

それゆえ急成長した企業が、ある日こつ然と姿を消してしまう例も少なくありません。

多くの人に求められる商品、サービスを提供し続けていくことに力を入れても、この五つの徳を大事にしなければ、愛される企業の条件は満たされません。

愛される企業とは企業の根底に、この五徳の精神がしっかりと根付いている会社なのです。

それは社外の人だけでなく、社内の仲間からも愛される企業の条件です。

だからこそ、五徳の「徳」は「得」でもあるのです。


それでは五つの徳について、順にご説明していきましょう。

まずは次の図をご覧下さい。

ビジネスにおける五徳の法則

人が二人いれば
縁が生まれる。
縁は将来様々な
形で広がっていく。
人と出会ったら、

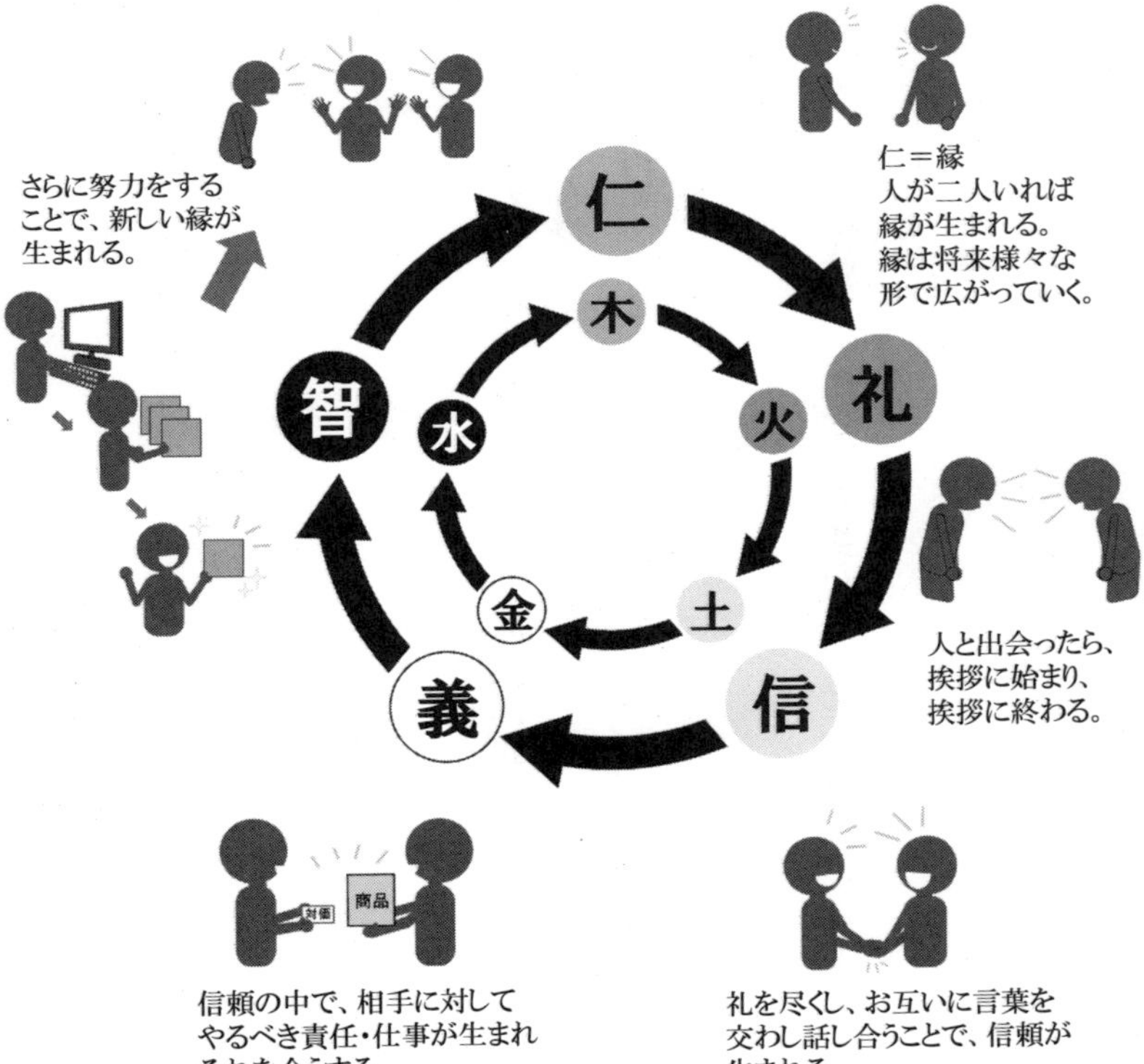
生まれる。
信頼の中で、相手に対して
やるべき責任・仕事が生まれ
それを全うする。
さらに努力をする
ことで、新しい縁が

この五つの徳はバラバラに存在するのではなく、陰陽五行の五行と同じように、全てがつながり、「仁↓礼↓信↓義↓智」という順番で巡っています。

このどれ一つが欠けても、順番が違ってもいけません。

それでは、一つずつご説明していきましょう。

●仁（縁）

いつくしみ。相手の立場に立って考えること。＝人を思いやる心
ビジネスにおいても人と人の出会いや縁を表します。
縁があって初めて人間関係が生まれ何かが始まります。

●礼

社会秩序を保つための生活規範。＝礼を尽くす心
挨拶に始まり、挨拶に終わる。
挨拶は相手の立場（存在）を認めることです。
礼を尽くすことで、お互いに言葉を交わし話し合うことで信頼が生まれます。

●信

うそをつかないこと。約束を守ること。まこと。＝人を信じる心

ビジネスにおいては信用が大事。話し合い、理解しあって、信頼関係ができます。信用の上に取り引きが成立します。

相手の話をしっかり聴き、自分の考えを理解してもらう努力が必要です。

●義

人としての道理。条理。物事の理にかなったこと。＝正義を貫く心

お互いの理解が生まれ始めて取引が成立します。

取り引きの中では義理や義務が発生します。それを全うすることで、対価として利益が生み出されだけでなく、その縁が続きさらに縁が広がります。

●智

物事を深く理解する力。是非・善悪を区別する心の作用。＝知恵を磨く心

ビジネスでは商品が完成し、流通して利益を生みます。

取引先の結果に対する意見を取り入れて、さらに研究を重ねてより良いものを作る努力をしなくてはなりません。

相手（お客様）のために、より良いものを提供したいという純粋な思いを常に持ち続け考えることが大切です。

ソニーの創業者である、井深大氏の言葉にこんな言葉があります。

「仕事の報酬は、仕事だ。それが一番うれしい」

仕事の報酬は、お金でも地位でも名誉でもなく、いい仕事をすれば、引き続きいい仕事、面白い仕事、自分のやりたい仕事が回ってくる。それが何よりの報酬だ。

つまり仕事が仕事を生む。一つの仕事には、そこに広がるいくつもの新しいビジネスチャンスがある。仕事のやりがいとは、さらにいい仕事を引き続きおこなえる。その喜びである。と井深氏は言いたかったのでしょう。

その仕事への情熱が、ソニーをここまで発展させたのです。

お金や地位や名誉を初めから目的にしてきた成功者はいません。

むしろ仕事にやりがい、生きがい、喜び、そして、人々を喜ばせたいと思う純粋な気

持ちがあったからこそ、多くの人の心を動かし、支持され、発展したのです。
五徳とは、企業が長期的に人々に愛される企業であるための秘訣なのです。

感謝こそ「気甲斐性のある経営者」の証

「気甲斐性」という言葉をご存知ですか？
気甲斐性とは、字の通り「気持ち」の「甲斐性」のことです。
一般的に甲斐性とは、経済力のことを意味しますが、ここでいう「気甲斐性」とは、気持ちをどれだけ大きく持てるか。を表しています。

ビジネスにおいては、経営者が「目に見えないもの」を、社員にどれだけ与えられるか、それが気甲斐性です。

「目に見えないもの」とは、社員の意欲、やる気を起こさせ、長期的に継続的に保つことができる心の栄養素のようなものです。

人の心は、たとえビジネスにおける間柄であっても、ただ義理義務を果たし利益、報酬を与えていれば動くものではありません。

真の心こそが人の心を常に動かし、やる気にさせていくのです。

急成長してきた企業によく見られるのは、何でもビジネスライクに片付けようとする風潮です。

「ビジネスライク」とは本来は事務的に進めるという意味で、効率を重視する場合に用いられますが、その意味をビジネスにおける人間関係にも用いる企業が増えてしまっているように感じられます。

「感情を排したドライな割り切り」として、お互いの感情にはあえて目をつむる、もしくは気持ちを無視して、お互いが物質的、金銭的に「win-win」の関係をベストとするような考え方です。

「ビジネスにおいては、ある程度割り切った人間関係でなければ時間がかかりすぎ、無駄な作業、経費が多くなってしまう」とおっしゃる方がいます。

たしかにビジネスライクに割りきった関係とは、一時的には良い結果を得られたように見えるかもしれません。しかし、根本的に気持ちに重きを置かない関係は、非常に壊れやすいものので、決して長続きしないものなのです。

一気に儲けられたとしても会社が継続的に保てず潰れてしまっては、自分の欲だけを考えたギャンブルと同じことです。

会社を発展させるために頑張ってくれた部下をギャンブルに巻き込んでしまったことと同じことなのです。


気甲斐性のある経営者とは、「感謝の気持ち」を誰に対しても持ち、その気持ちを行動に表せる人です。


信頼関係の基礎を築くのは、互いの感謝の気持ちです。

立場に関係なく上司が部下に感謝し、部下が上司に感謝し、同僚同士が感謝し合う。そういう感謝の気持ちをより多く持った人間同士が集まった企業は強い結束力で結ばれます。


企業とは、そもそも人が寄り集まって出来た集合体です。

つまり、Company は、仲間の集まりなのです。

会社の理念の基に寄り集まった人々がそれぞれの特性を活かし、会社の利益となる働きをすることが、本来の会社のあるべき姿だと思います。

会社の中には、直接的に利益を生み出す営業職もあれば、直接利益を生み出さないが、会社を円滑に動かしていくために必要な事務職もあります。

会社が大きくなればなるほど、それぞれの部署の間に見えない壁が出来上がってきます。その見えない壁が、いつしか互いの不満の心を生みだすことにもつながるのです。こんな時一番重要なことが、経営者自らが、それぞれの部署の管理を人任せにし過ぎず、常に各部署がどのような働きをしているのか状況を把握し、どの部署に対しても分け隔てなく感謝の気持ちを持つことです。


また、社長の経営方針が素晴らしいものであったとしても、それを社員が一丸となって実行してくれることで、初めて業績に反映されるのです。

成功するかどうかは、全ては一緒に頑張ってくれる仲間たちにかかっています。

常に感謝の気持ちを持って、社員に接して下さい。


出来る経営者とは、心の上下関係を取り外すことができる人です。


経営者自ら、皆が苦手とする嫌なことを率先して行うこと。

社員の相談に気さくにのること。

失敗した原因に対しては厳しく究明し、心は優しくあること。

社員のプライドを尊重し一人の人間として立てること。

すると社員はおのずと心を開き、やる気が起こるようになります。

仕事は単にお金を稼ぐことではなく、商売の楽しさ、人間関係の素晴らしさがあることを教えてあげられる人こそ、感動を与えられる気甲斐性のある経営者と言えるのではないでしょうか。


感謝の気持ちがある人間関係には、感動が生まれます。

感動はなによりも人を動かす原動力となるのです。

自然を無視した経営の悲劇的末路

昨今続けざまに世間を騒がせている食品業界の問題について少しお話ししましょう。

昨今の食品業界の賞味期限改ざん、偽装、薬物混入問題は本当に深刻であると同時に、自然の流れから言えば起こるべくして起こってしまった結果ともいえます。

そもそも、こういった企業の不正の裏側には、お手軽で便利になった昨今の食事情が問題の根底にあるのです。

防腐剤を使い、レトルト食品や冷凍食品の開発ばかりが先行して、便利で簡単なことが重宝がられる世の中で、企業は腐らないための技術開発に全力を注いできました。

もちろん、こういった企業努力のおかげで私たちの食生活はとても便利になったことは紛れもない事実です。しかしこのお手軽で便利な食生活が豊かな食生活であるとは決して言えません。手軽で便利な商品に囲まれた生活は、「食事＝万物の命を頂く」という考え方を低下させていると私は考えています。

「腐らない」ということは、つまり、新鮮な食品ではないということ。新鮮な食品を目にしない、手に取らない、口にしない、ここ六十年あまりの私たちの食生活は、言わばリアリティーの無い、自然の理に反した食生活とも言えます。

私たち人類は生きていく上で自然のあらゆる恩恵に預かり、その恵みを受けて生きているのです。地球上のあらゆる生き物は自然によって生かされ、お互いに共存しています。すべての命は尊く価値のあるものです。常にそのことを意識して、私たちは生きていかなければなりません。

これは、消費者である個人に限らず、供給する企業側がより忘れてはいけない問題なのです。

もし、自分の目の前で牛がさばかれ、調理されステーキとして出されたらどうでしょう。この一頭の牛の命は、私たちが生きていくための犠牲となってくれたのです。その犠牲を目の当たりにすると、命を頂くことへの感謝の気持ちも自然に生まれるでしょう。しかしながらスーパーでパック詰めにされた切り身の状態では、命というより物という意識になってしまいます。

物が溢れ、供給過多の今だからこそ、もっと自然に万物の命に感謝の念をもつことが必要だと思います。

腐らない技術、手軽で便利に食べられる食品の開発は、忙しい毎日を過ごす私たちの食生活を支えています。

でもこれからは、腐らない技術を開発する前に、腐るだけの大量生産は行わない、余ったら捨てるという意識を持たない、「もったいないの精神」を企業が生産の根底に持つことを考えてみて下さい。

食品だけでなく、鉱物であっても地球の自然が作り上げたものを人間が商品化し、勝手に売買しているという事実を私たちは忘れてはいけません。

地球全体の温暖化が進行し、あらゆる動植物が危機的状況に追い込まれてきました。もう既に、私たち人類も見て見ぬふり出来ないところまで、地球の環境悪化は進行してしまっているのです。

今一度、五行という自然の循環を崩さない企業のあり方を経営方針に入れて欲しいものです。

出来る経営者の隣のCAO（最高相談責任者）

経営者に求められる最大の仕事とは何でしょうか。

経営者なら誰しもが、必ずおこなわなければならない仕事。それは「決断」です。

決断を下すことは、会社の方向性を左右する重大な仕事です。決断一つで会社の未来が決まると言っても過言ではありません。

前述したように、出来る経営者とは、その決断を時期と状態を見極め上手に下せる人なのです。

しかしながら、どんなに出来る人であっても、三六五日、一〇〇％の精神状態で最適な判断を下せるわけではありません。

風邪を引いて体調を崩すこともあれば、悲しいことやショックな出来事から精神的なダメージを受けることもあります。

人間は、絶対的なものではないからです。

常に自然の力に影響を受けていることを忘れてはいけません。

あなたは、「決定」と「決断」という言葉の違いをご存知ですか？

同じ言葉のように思われている方もいらっしゃるようですが、実は全く別物です。

「決定」とは、予めいくつかの選択肢が用意されていて、その中からベストな答えを選びだすことです。決定にはある程度先が見えますし、しっかりとした情報が揃っていれば、比較的失敗をせずにおこなえることです。会社のトップともなれば、毎日のように「決定」の機会があるでしょう。

一方、「決断」とは選択肢がなく、予測もつきにくく、情報がいくらあっても良いというものではありません。

リターンも大きければリスクも大きいことです。しかし、決して避けて通れないもの、それが「決断」です。時には、「前進」や「GO」といった前向きなものではなく、「撤退」という苦しい決断を下さなければならないこともあるでしょう。

その重要な「決断」を下すことが、経営者の最大かつ最重要な仕事なのです。

この逃れられない場面で、重すぎるプレッシャーの中で、多くの経営者たちが最後の一押しに選ぶのが「相談」です。

しかし、ただやみくもに誰にでも相談をすれば良いということではありません。相談する相手を選ぶということも、良い決断を下す際に重要なステップです。

なぜなら人は「相談」をする状態の時は、既に頭の中で「これでいこう」という方向性が大方決まっているからなのです。

ほとんどの経営者にとって「相談」の本来の目的は、「背中を押す」役割でしかありません。

相手が自分の意見に「良いですね」と同意してくれれば、「やはり思った通りだ」と自分の方向性に自信を持って突き進むでしょう。

逆に「それはどうですかね」と相手が難色を示すと、自分の考えに自信を失い、また相手を問いただしてしまうこともあるかもしれません。

「相談」は自らの答えを正当化する材料にもなりうるため、相談する相手を間違えれば、非常に危険な判断材料にもなりうるのです。

私は、最終的な判断を下す際に相談する相手としてふさわしい人は、やはり利害関係のない相手だと考えています。

利害関係がある人間同士では、どうしても自分の利を考えずにはいられません。それでは、冷静さや客観性を欠いてしまい、判断を誤ることにも繋がります。特に政治家や経営者には利害関係のない相談相手が必要です。

さらに相談相手だけでなく、自分の精神を統一が出来る場所を持つこともおすすめです。重責の中で毎日を送っている経営者にとって、日々の決定のためにも、リラックス&リフレッシュできる場所が必要です。

どうでしょうか、あなたにはそういう場所がありますか?

よき相談相手と、心をリセットできる場所、この二つを持つことは行き詰らない経営を行うための秘訣でもあるのです。

第三章
人材を人財に変える占見力

人を見下ろすのではなく、人を引き上げるのが社長の役目

皆さんは普段、自分の会社の社員や部下に対し、どのような目線で接していますか？

同じ目線に立って接していますか？

自分が新入社員だった、まだ右も左も分からなかった頃の気持ちに戻り、部下の不満や相談に耳を傾けていますか？

「もちろん。そうするように心がけている」と思われた方。

とても素晴らしいですね。

同じ目線で向き合う気持ちを持って社員と接しようと思っても、人は上に立つようになると、知らず知らずのうちに「奢り」を持ってしまいます。

そうはならないようにしようと、心がけていても忙しい日々の業務に追われてしまうと、ついつい「どうして、こんな常識も分からないんだ」と叱責してしまうことが多かれ少なかれあるのではないでしょうか。たとえ、怒鳴らなくても、そういう気持ちがほんの少しでも心の底にあると、相手の気持ちを一〇〇％理解しようという積極的な姿勢がとれなくなってしまいます。もちろんそれでは、先ほどの五徳にも結びつきません。

ここで「奢り」とはどういうものか、改めて考えてみましょう。

イメージしてみて下さい。

二階から一階にいる人を見下ろした時、人の頭しか見えませんよね。高い位置に上がるほど、見下ろす人は小さく、またその表情を伺うことは出来ません。高層ビルの最上階から人を見下ろせば、下を歩いている人の歩みも遅く見えます。

上に上がれば上がるほど、下の人は人間ではなくただの「黒い点《もの》」に見えるようになります。

これと同じように、立場が上がることを上から人を見下ろすことと勘違いしてはいけません。

高台から大声で怒鳴ってばかりでは、人はあなたの望むようには動きません。

どんなに立場が上がっても、常に同じ目線でものを見て、共に同じ方向に進むという姿勢が必要です。

人の上に立つということは、自分が立っている

上に立つ人は人を見下ろすのではなく人を引っ張りあげる人

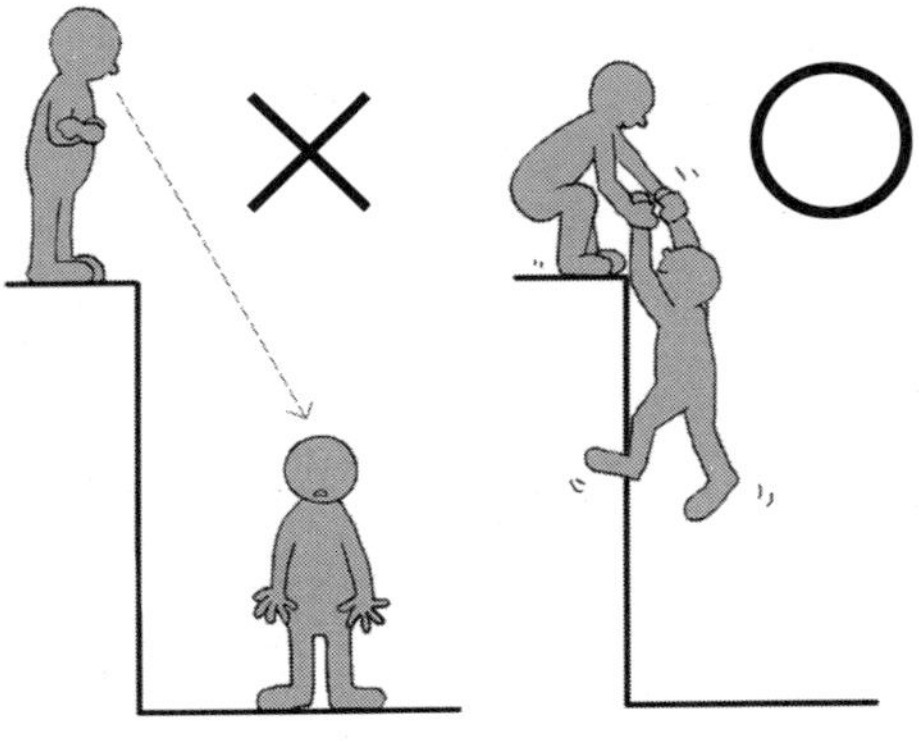

場所（高さ）まで人を上へ引っ張り上げ、一時でもあなたの見ている景色を見せてあげることです。それが、上に立つ者の役目。言い換えれば、あなたにしか出来ない大きな役割なのです。

社員一人ひとりをレベルアップさせていくことが人材の育成というものです。

それによって、役割は違っても同じ志を社員と共有することができ、会社の運氣全体を底上げすることに繋がるのです。

さて、会社の経営についてお話をする際、人材を無視しては語れません。

第三章では、人材を人財に変える占見力についてお話していきましょう。

苦手なタイプを使うと経営が上手くいく?!

どんなに出来る経営者であっても、五行の特性の「木・火・土・金・水」を全て持っているわけではありません。

あくまで私たち個人に、生まれながらにして与えられた主たる特性は一つです。

どんなことでもソツなくこなす人は、一見、器用で何でも出来る人に見えます。しかしながら、何でもソツなくこなすことがイコール出来る経営者とは限りません。

出来る経営者の定義とは、人を上手に活用する人のことです。

人を上手に活用するということは、自分自身が出来ること（得意なこと）、出来ないこと（不得意なこと）をしっかり把握し、出来ないことを素直に認め、人に助けを求められる人なのです。それで始めて、企業という名の共同体(company)になれるのです。

さて、皆さんの会社では、新しい人材を採用する時にどのような方法で面接を行っていますか？

書類選考、ＳＰＩなどの筆記試験、部署の責任者による一次面接、役員による二次面接、中には飲み会面接などのユニークな面接をおこなっている企業もありました。

業績が伸びている会社は総じて、人の採用の仕方が上手です。逆を言えば、会社にとって必要な人材の見極め方を知っている会社が業績を伸ばしているわけです。

そんなことは当たり前だと思われる方も多いでしょうが、経営者のご相談をお受けする際に、新しい人材の採用方法について、ご質問をされる方が非常に多いのも事実なのです。

「先日採用した社員が期待通りの働きをしてくれない」「まだ何も知らないのに反対意見ばかり口にする」など、採用してみたら思っていた人材と違った。こんなハズじゃなかった。という経営者の方が非常に多くいらっしゃるのです。

ここでは、新規の人材を採用する時や、新しく事業を興す際にビジネスパートナーとして選ぶ人材の見極め方、選び方についてお話しましょう。

先ほどの、反対意見ばかり口にする社員を雇ってしまった経営者の方に、まず一言「**それは社長の運氣が、また一つ上のステージに上がられた証拠ですよ**」とお伝えしています。

なぜなら人と人との出会い、縁は偶然ではありません。

その時、その場所で出会ったのも、あなたの将来のために必要だから巡り会うものなのです。

人は自分が苦手とする人、自分にとってあまり思わしくない意見をする人、行動をする人を、どうしても毛嫌いしてしまう癖があります。しかし、それは至極当然のことです。

人にはそれぞれ特性があると申しましたが、自分の持つ特性と異なる相手ほど、人は違和感、つまり苦手意識を持ちやすいものなのです。

特性の一つとして、木火土金水の五行の分類があります。

前述の五行の特性でお話ししたように、木火土金水には相生（生み出す親子関係）と相剋（ライバル関係）があり、苦手意識を持つのは相剋に属している人に多いことがあります。しかし、ライバルは必要な存在です。

会社が一つの五行で成り立っていると考えた時に、社長が「木」の特性を持っていると、同じ「木」の特性、または自分を助けてくれる「水」の特性、自分が助けてあげたいと思う「火」の特性の人たちを近くに置くと、一見スムーズに物事が運ぶような気がします。

しかし、五行は五つの特性がバランス良く配置されて本当の力を発揮するのです。

ここに、社長の苦手とする、相剋の「金」がいなければ、自分を助けてくれる「水」の人に負担がかかります。自分を助けてくれる「水」は「金」の助けがあって成り立つのです。また、その「金」を生み出す「土」もなければ五行の循環が作用しません。

人の特性は価値観とは異なります。

ビジネスパートナーとして選ぶ人との、価値観は似ていることに越したことはありません。しかし特性が同じ人ばかりが集まった企業では、同じ方向にばかり力が働き、得意な分野、不得意な分野の差が大きく出てきてしまうのです。

食事も同じことですよね。自分の好きなものばかり食べていては、栄養が偏ってしまいます。同じ特性を持った人同士では意見も対立せず、一見仕事もやりやすく感じるために、ビジネスパートナーとして選んでしまいがちですが、それは自分にとって都合の良い人と付き合うということで、反対意見や別の物事、問題点に気付いて制してくれる人が居ないことなのです。

それは、ぬるま湯にどっぷりつかっていることと同じなのです。ぬるま湯につかったままでは、ただただ、企業全体がふやけてしまうことになるのです。

耳に痛い話、時には、はっきりNOを言ってくれる人が企業内にいることは、実は自分の気づかない新たな問題点に気がつかせてくれる人がいるということなのです。

もし、そういう人材を合わないという理由で縁を切ってしまったら、それは企業にとって大きな損失です。

新しく入った人材が今までいる自分の周りの人材と異なり、衝突が多い人だった場合。それは、新たなステージに上がるステップのために、企業に必要な人材との縁が出来たのだと受け入れることが必要です。

自分と特性が違う人間を上手く活用できる気甲斐性を持つことが経営者に大切な能力の一つです。

社員一人ひとりの特性をつかみ、それぞれの特性を上手く活かせるように気を配ることは社長のあなたにしか出来ません。人間同士ですから、お互いの嗜好もあるでしょうが、好き嫌いや合う合わないで社員を使うのは避けねばならないことです。

それは組織内での人員の配置、活用法、全てに言えることです。

新規のプロジェクトを立ち上げる時のことをイメージしてみて下さい。

様々な部署から、バランスよく人を集めてきます。

研究者ばかりでは販売力が低下し、営業職ばかりでは商品力が低下してしまいます。全体的なバランスを考えて、様々な部署の能力を集結させますね。

企業全体のバランスにも同じことが言えるのです。

今後、人材を採用するときに、企業全体を大きな五行で考えて、木火土金水の特性がバランスよく配置されるような採用方法を検討してみると良いでしょう。必ずや新しい発見があるはずです。

成績評価は人材育成の落とし穴

バランスの良い人材採用をしたら、次に必要なことは、社員一人ひとりの運氣をしっかり見極めることです。そして一人ひとりの特性を活かし、上手に活用していくことが大切です。

それはスポーツ界におけるコーチと選手のような関係です。

スポーツ界のコーチは技術的な指導だけでなく、選手の体調やメンタル面まで見極め、一人の人間をトータル的に徹底して指導していきます。

しかし、人間はコンスタントに平均的な結果を出すロボットとは違い、波のある生き物です。誰にでも運氣の流れがあり、伸びる時期と伸びない時期があります。その流れをコーチがしっかり見極めコントロールする目を持つことで、選手の成長は飛躍的に伸びていくのです。


このスポーツ界のコーチがおこなっているトータル的な指導と同じように、一企業の経営者も社員の運氣を見て、伸びる時期なのか、伸びない時期なのかをしっかり見極めていきましょう。社員の運氣が冬の時期にあり、結果を出せる時ではなく、むしろ勉強して知識を蓄えなくてはいけない時期に、結果を出せと必死に激を飛ばしても、結果は現れません。上司も本人も努力しているのに結果が出ない。結果を出す事に二人の人間がエネルギーを注ぎ続けている訳ですから、これほどつらいことはありません。結果が出ないことばかりを責めれば本人のやる気はどんどん失われ、やがて結果を出せる時期が来ても、すっかり失った気力と自信のせいで次のステップへ成長出来なくなってしまうのです。

誰でも、動けば動いただけ次々と結果が出せる好調期もあれば、やることなすことすべてが裏目に出てしまう不調期もあります。

それは多くが運氣の流れがもたらすものであって、決して本人の努力や才能がないということではありません。上司が部下の運氣の見極めが出来ないと、ひたすら尻を叩くこととなり、大切な人材をつぶしてしまうことになりかねません。

大切な人材をつぶしてしまう前に、ほんの少しの工夫で社員の運氣が伸びる時期なのかを見極めることができます。これは、むずかしいことではありません。ぜひ今日から実践してみて下さい。

それは、五感を働かせて**社員の顔色や表情をしっかり見ること**です。

毎日数秒から数分で結構です。とにかく毎日しっかり顔を見ることが重要です。

なぜ毎日顔を見ることが大切なのか？　これについてもやはり「五感」が深く関係しているのです。

それというのも、人間はもともと自分と同じ行動をとる相手に対し、親近感を得るというところがポイントです。

ＮＬＰという言葉はご存知でしょうか？

NLPとは、神経言語プログラミング(neuro-linguistic programming)を略したもので、他者の行動を観察・分析し、そこに自分とどのような違いがあるのか？ また、何をどう修正すれば同様の結果を発揮できるようになるかを研究する分野であるといえます。

対象の行動や生活習慣、また話し方などを分析し、自らも同様に模倣してみることを「モデリング」といいます。この「モデリング」はNLPの真髄とも言われており、簡略的に言うならば自分の尊敬する相手、または目標としている相手などの行動を細かく分析し真似てみることでより対象に近づくというものです。

よく成功者になりたければ成功者の行動を真似なさい、などの格言が様々な本で紹介されていますよね。

さらにNLPの応用で「ミラーリング」というテクニックがあります。

簡単に言うと「相手の動作をまねる」テクニックで、相手が髪を触ったら自分も髪をさわり、相手がうなずいたら自分もうなずく、というように相手の動作をワンテンポ遅れて真似することにより無意識のうちに「リズムがあっている」と相手に感じさせ親近感を沸かせることができるというものです。

この「モデリング」と「ミラーリング」は相手と顔を合わせる事が必要不可欠です。お互いに顔を合わせ、視覚で相手の動きを追い、聴覚で相手の話・喋り方を聞き取り、嗅覚・触覚で相手の趣味思考・生活などの情報を収集分析するのです。

これは何も特別な行動ではなく、例えば相手に好かれようと話を合わせたり、尊敬する人の行動を真似してみたり、お揃いのものを揃えたりといった具合に誰もが無意識のうちに興味のある相手に対しては行っている行動でもあります。

しかしながら、こういった「モデリング」や「ミラーリング」という行動は一分一秒を争う忙しい毎日の中では、一緒に仕事をしている仲間に対して意識的に誰にでも使ってみようと思えなくなってしまうのも事実です。また、人は様々な経験を重ねるうちに自らの経験による判断が邪魔をし「知り合いに、この部下に似ている人がいるな。きっと彼もこういう性格なのだろう」と必要な情報を集める前に経験値から勝手に相手のイメージを決め付けてしまう偏見が生まれてくるのです。

ここで必要な情報を集めることをやめてしまうと、一緒に仕事をする仲間に対し興味を失ったことと同じです。興味を持たれなかった相手もその無関心さを五感で感じ、いつまでも心を開いてくれる関係にはなりません。

また、無関心さを感じ取った部下は、自分の能力を最大限に発揮して上司や会社に認められたいと思えなくなるのも至極当然のことなのです。

人間は自分に興味を持ってくれる相手に対し同じく興味を持つものです。

「あの人のようになりたい」「自分も結果を出したい」そう思わせる為にはまずは経営者や上司から部下に対し、《あなたに興味を持っていますよ、私はこういう人間ですよ》というアプローチを掛けていかなければなりません。

五感を働かせて社員と接することができれば実にたくさんの情報が入ってきます。

顔色や服装、つけている香水や生活の匂い、口癖や雑談など、相手を知るための情報はいくらでも溢れているものなのです。

まずは経営者自身が五感を使って部下をモデリングし、部下たちの心境になってみることや、ちょっとした世間話の中でミラーリングをして部下に親近感を与えることが大切だと私は思います。

部下が経営者に対し、モデリングやミラーリングをするのはその次の話です。右も左もわからない新入社員に対し突然「俺の仕事ぶりをよく見てろ」「あいつはお前よりも結果を出しているぞ」と言ったところで、新入社員はそもそも自らの五感を使って、その目標に近づきたいとは思えないものなのです。

まずは社員に対し〝目標はどこなのか、なぜそうなりたいのか〟という答えのヒントを見せてあげてください。

「ウサギとカメ」のように、社員一人ひとりの成長のスピードも異なります。一人ひとりの成長の速度や特性を見極めてあげることも大切です。

目標地を確かめ合いながら業務を進めることにより、その会社が目指している目標も社員全員が共有できることにもつながります。そして、目標を全員が認識することにより、より強い共同体(company)となるのです。

そのためにも、まずはあなたの五感で相手を知ることがマネジメントのスタートなのです。

経営者となると、ついつい社員の業績や結果にばかり目が行き、それで社員を判断してしまうことがあります。数字は目に見えて、わかりやすいものです。よい数字を出している社員を評価するのは当たり前のこと。しかし数字はあくまで結果であり、それでは人を見ていることにはなりません。

数字が伸びていても、顔が死んでいるように見える社員もいます。

これは本来結果を出せる時期ではないのに、必要以上に頑張って何とか良い結果を出している言わばオーバーフローの状態です。顔を見て、相当無理をしていると判断したら、一旦、現状に問題がないか、目標設定が適正であるか、本人と一緒に振り返りをしてみると良いでしょう。

一方、数字は伸びていないが表情的には辛くなさそう、むしろやる気に充ちていて、一種の焦燥感が感じられる社員もいます。

これは、本来なら結果を出せる時期にあるのに、本人に適正ではない業務をさせている時によく見られるケースです。本人にあった業務につかせれば驚くほど伸びる可能性があります。

数字も表情も生き生きとしている社員は目立ちますし注目を集めます。また、数字が伸びないうえに顔色もよくない社員にも周囲は気が付きます。

しかし、先述のように数字が伸びていて表情がよくない社員や、数字は良くないが表情が死んでない社員には、なかなか気が付きにくいものです。しかし、そこに気がつくかどうかで会社全体の業績が大きく変化すると言っても過言ではありません。

五感を磨いて社員と接することに経営者の鋭さが伺えるのです。

五感を研ぎ澄ませることにより、第六感が生まれてきます。感が勘に進化することにより、社員の表情から、たくさんの貴重な情報を感じ取ることができるでしょう。運氣の流れと特性が見えてきたら、あとは、必要な配慮と、適切な人事配置が行うだけで、おのずと会社の業績は上がっていきます。伸び悩む時期は次の成長期への準備期間です。伸びない時期は、育つのをじっくり見守り、伸ばす

数字ばかり見て、判断してしまうと、
大事なものを見逃してしまう。

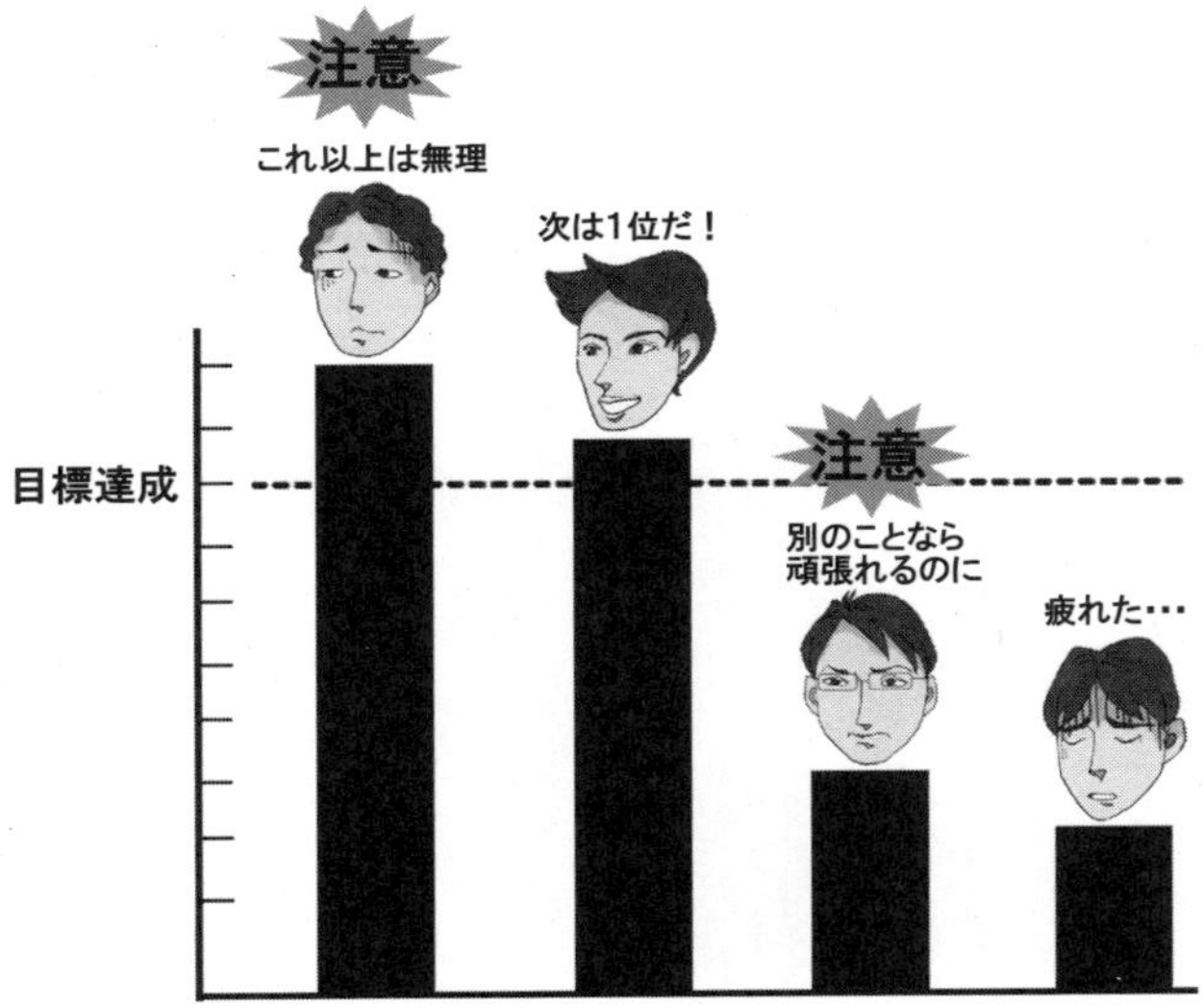
注意
これ以上は無理
次は1位だ！
注意
目標達成
別のことなら
頑張れるのに
疲れた・・・

時期にはしっかり伸ばす、それが理想的な社員の育て方の基本です。

「必要の一石」を投じる

運氣の上昇期にある社員をさらに伸ばす方法として、「責任を持たせる」という方法があります。

これは、「ハンコを持たせる」というやり方です。

もう既に実践されている経営者の方もいらっしゃるでしょうが、この方法もタイミングがとても重要です。

出来る上司や何でも一人でこなしてしまうスーパーマン社長の下にいると、社員は委縮してしまいがちです。それゆえに気付けば周りが全てイエスマンになってしまっていたということも現実的にあります。

特に、後継者が育たないというケースでよく見られる光景に一代目が立派過ぎて二代目が頼りなく見えてしまうということがあるのです。

上が優秀すぎるばかりに、下の人間の能力が十分に活かされないとしたら、これまた本末転倒、非常にもったいないことです。

ピラミッドの形を思い浮かべてみて下さい。

三角形の底辺が一番大きく、上に上がるにつれ、面積が小さくなっていきます。これが逆に三角形の頂点が一番大きく、底辺が一番小さかったら、安定感がなく支えることが出来ず崩れてしまいますよね。

企業における力の配分もこれと同じことです。

もちろん最終決裁権は、経営者が持たなくてはなりませんが、底辺で支える部下たちに積極的に動いてもらえる環境を作ることが大切です。それはイコールしっかりとした会社の土台を作ることにも繋がるのです。

下に責任を持たせるということは、上の人間にとっても勇気がいることです。自分がやればすんなり出来ることを、慣れてない人間に任せる訳ですから、時間も手間もかかります。何より気が気ではないでしょう。

しかし、人類の歴史は必要と結果の積み重ねです。

不必要な部分は淘汰され、必要な部分だけが残り、発展蓄積してきました。人類の尻尾が退化し、二足歩行になったのも、それが環境に適応するために必要だったからです。人間は本来、必要に応じた環境対応能力を自ら育てる力を持っているのです。

同じように、自分の部下の成長を望むなら、ある程度の「必要性」を投じることです。大切な事は、責任を持って物事を遂行できる場所を与えてあげることなのです。

しかし、必要の一石も、ただ投げればいいというものではなく、まず相手の特性と運氣の時期を見極めねばなりません。それと同時に、会社全体の運氣の流れも見た上で、タイミングよく適した人材に責任の場を与えるのです。

また任せる時には、相手に必要性を感じさせ信頼して任せることが第一です。責任だけ押し付けてはだめです。責任感は、信頼と必要性の上に成り立つものです。

「私だから任されたんだ、私が必要とされている」「私ならできる、私は信頼されている」という気持ちを持たせてこそ、社員は何事にも責任を持って臨めるのです。

かつてお会いした社長で、息子さんに後継者としての自覚が足りないと悩んでいる方がいました。

その方はかなりのやり手で息子さんは、そんな父親が自慢である一方、何かと比較されることに息子自身も悩みを抱えていました。その社長は、息子可愛さ、会社可愛さで、何でも自分で引き受けて頑張ってしまう人でした。

私は、息子さんの運氣が上昇しているタイミングで、一つの提案を社長にしてみました。一つの部門の決定権をすべて息子さんに託してみるという提案です。もちろん、すぐには受け入れてもらえませんでした。

そんな時、日頃の無理がたたってか、社長が健康診断で引っかかってしまったのです。

私は、

「ここで社長さんが無理されても、会社のためになりません。大事をとって入院して、息子さんにしばらく会社をまかされてはいかがでしょう」

と提案しました。

実際、入院するほどのことでもなかったのですが、このタイミングを逃したら次のチャンスは何年も先です。その時まで社長が今と同じだけの働きができる保証はどこにもありません。

社長は、しばらく休養を取ることを決め、その留守を息子さんに託しました。

その後、息子さんが立派にやり遂げたのは言うまでもありません。さらに驚いたことに、息子さんは次に来る会社の運氣の「冬」の時期の備えもきちんとしていたのです。

もちろん私からも、社長の運氣によって異なるタイミングの見極め方など、多少のアドバイスもさせていただきましたが、しっかりと父親の背中を見て、自分が何をすべきなのかをずっと考えていたのでしょう。さらに社長と同じように、部下の気持ちがわかる気甲斐性のある経営者だったのです。

継続的に、長期的に、会社の発展を望まれるのでしたら、いつまでも社長自身が頑張りすぎてはいけません。

しっかり**次の代に世代交代をする勇気をもつこと**です。

タイミングを見計らって「必要の一石」を投じることが出来れば、水面に小石を落とすように、その波紋は時間はかかりますが、徐々に時間が経つにつれて大きな輪となり広がっていきます。広がった波紋はやがて、自分が想像もしていなかった場所まで届くようになります。

良き一石を投じるのも、悪しき一石を投じるのも経営者次第なのです。

管理職は管理をせずに褒めること

「管理職」になると、自分の下に部下が出来ます。

管理職の人たちは日頃から自分の下に配属された部下をどのように伸ばしていくかということに四苦八苦していることでしょう。

指示通りに動いてくれない。思った通りの結果が出ない。最終的には、部下が起こしたミスの責任を自分がとらなくてはいけない。

そうなると、「君は私の管理下にあるんだから……」「私の指示に従って動いてくれ……」と、ついつい部下の言動を一から全て管理しなくてはいけないという気持ちで接してしまいます。

しかし、管理して人を育てるという考え方では人はなかなか伸びません。むしろ管理の力、威圧感が強ければ強いほど人は萎縮してしまい、積極的に動くことをやめてしまいます。

ミスを起こさないように、上手に部下を伸ばすポイントは、管理しようなどという気持ちで社員に接しないことです。

逆に相手の長所を見つけ「褒めて」みて下さい。

「褒めて伸ばす」という教育法は、子どもから大人まであらゆる人間を育てるコツとして、当然のように流布しており、言い古されていることでもあります。

しかし、実際に世間で「褒めて伸ばす」という方法が実践されているかというと、残念ながら、今の団塊の世代にあたる経営者の方で実践されている方はあまり多くないように見受けられます。

意外にも、今の二十代から三十代くらいの若いお母さんたちは、ほめる育児を抵抗なく取り入れて、一昔前までは大変だと言われた育児も実に楽しんでやっています。ほめて人を育てるという方法は、ほめる側にとっても気持ちが良く、非常に効果的な方法です。

さらに、相手の良い面を見つけて褒めることは、悪い面を見つけて注意することよりも、何倍も早く相手を成長させることに繋がるのです。

「褒める」ということは、それだけ人の心を動かすのに必要なパワーがたくさん詰まっているのです。

私の友人にとても褒め上手な人がいます。

彼女は、小さい時から「褒める」教育の中で育ってきた人です。会うたびに、彼女は相手の良い面を見つけ必ず褒めてくれるのです。それもごく自然に。褒められるようなことが、何一つないと自分でも思うような時でも、表情、笑い声と、些細な行動を見逃さず必ず褒めるポイントを見つけてくれるのです。

相手に同じ事を指摘する時でも、言い方により受け取り手の気持ちは全く異なります。

例えば、友人との待ち合わせに普段よりも明るめの服を着て行ったときに、「その服は明るい色だから、あなたの肌の色には合わないわよ。もう少し暗めの服を着た方が良いと思うけど」と指摘されるのか、「とてもステキな色の服ね。とても似合うわ。もう少し濃い色の服だと、さらに肌の色が映えるでしょうね」と褒められるのか。どちらも同じことに注意を促しているので、言われた相手は、次は暗めの色の服を着てこようと思うでしょう。

しかし、褒めて注意を促す方が相手の心に響きやすくなります。

褒めてから注意を促す方が、相手も自分の失敗点を素直に認めやすくなるからです。何より言われた後の気持ちが断然が良く前向きな方向転換が出来ます。

悪いところをただ直すことよりも、良いところをさらに伸ばす方が、誰でも楽しく嬉しいものです。

ただし、表面的な褒め言葉を並べるだけでは効果がありません。

また注意する習慣が身についていると、良い所を見つけて褒めることに最初は難しさを感じてなかなか言葉がみつからないものだと思いますが、初めから良いところを見つけて褒めようと意識せず、小さなことでも「良くやったな」と思うことがあれば、それを口に出すだけで十分です。

些細なことを褒められると相手は「こんな小さなことまで注意して、私のことをよく見てくれているんだ」と思うものです。

例えば、顧客から新規の契約をとってきた社員に対し「良く頑張ったな」だけではなく「遅くまで根気よくプレゼンの資料を作った、その熱意が先方に届いたんだな」と具体的な内容に触れて褒めた方が、もっと気持ちが伝わるでしょう。

また、鉄は熱いうちに打つのと同じように、褒められて意欲が高まっているうちに、さらに新しい課題に挑戦させて、自主性を身につけさせるようにしましょう。

ただ、仕事上では褒めてばかりというわけにはいきません。時には、叱り飛ばすことが、カンフル剤となって効果的なこともあります。

その時に大切ことは、**頭から間違いを正すのではなく、まずは相手の労をねぎらい認**

めてから間違いを正すことです。そして間違いを正したらすぐに気持ちを切り替えることです。

叱られた社員はしばらく落ち込んでいますし、周囲の雰囲気も悪くなります。マイナスの雰囲気はすぐに変えたいと思いますが、立場的にも部下の方から切り替えるのは難しいものです。上の人間が、そこでしっかりフォローをして社内のムードを変えるようにすることが重要です。

間違いなく言えることは、「社員に好かれたい」という気持ちで褒めたり、「ここで一発威厳を見せておかないと」という気持ちで注意しないことです。

注意とは、意を注ぎこむことであって、注ぎこむにはまず相手の心を開かなくてはいけません。だからこそ常に素直な気持ちで相手に接するというストレートな心の姿勢が何より相手の心に伝わります。上司と部下、経営者と社員という上下関係ではなく、人間対人間として、心で接する関係作りをしていけばいいのです。

伸びる会社は知っている金の卵を産む人財

組織を継続的に安定させるためには根気よい「待ち」の人材育成が欠かせません。

しかし、どうしても即効性が必要なときには、どうすれば良いか？

一番良い方法は、今いる人材の中から実力を活かし切れていない、いわば埋もれた人財を掘り出すことです。そして、その人財を適材適所に配置し、その力をフル活用することです。これが最も時間もお金もかからない人財の活用法です。

意外にも上司が思っている以上に、有効な人財は社内に隠れているものです。何故気が付けないのか、それはその能力を持っている本人すらその力に気付いていないことが多いからです。

「そんなことを言っても、うちはもう全員がフル稼働で頑張っているよ」という方がいらっしゃると思いますが、その稼働の仕方を間違っていることも多々あります。

朝早くから出社し、連日遅くまで残業しているからといって、その人の力が効果的に使われているとは限りません。一日のうちでも運氣の流れがあり、集中出来る時間と集中出来ない時間もあります。また、その人が、どういう特性を持っているかを見極め適切な人事配置をしなくては一〇〇%の力を発揮できません。

企業において、人の使い方を間違えているケースに非常に多く見られるのが、女性社員の使い方です。

私が知る限り、中小企業の男性の経営者ほど、女性社員の使い方が苦手に感じられます。組織における女性の比率が少ないのは事実ですが、古い日本の企業の体質のせいか、仕事の中で女性の本来持っている能力が活かしきれていない企業が多くみられます。

そもそも女性は、生活に欠かせない感性を持っています。

企業も元をただせば、生活を豊かにするための物事を提供しているのです。

そこで需要する側の感性を持っている女性が、供給する側の立場として商品の開発にアイデアを持っていることは当たり前のことなのです。

女性のアイデアを基に商品の開発・生産を行うのが男性であれば互いの特性を活かし、より良いものを提供していけるのでしょう。

また女性と男性の脳の仕組みの違いは、互いに補い協力するために違うと言っても過言ではありません。まさに、陰陽の陰と陽の二つの調和があって成り立っているのです。

一般的に、男性は結果を重視する傾向がありますが、女性はそのプロセスをとても大事にします。マイナスな例えですが日常生活の中でも、その求める結果とプロセスの違いから夫婦喧嘩に発展するケースがよくありますよね。

誕生日一つにしてもケーキがあって、プレゼントがあれば、どこでどのように買おうと同じことだろうと考える男性が多いですが、女性は、どこで誰とどう過ごすか、ケーキはどこで手配するか、プレゼントはどういう気持ちでそれを選んだかと、一つひとつに喜びを見出し大切にします。

仕事でも女性はどうしてそのように進行したのかという手順や、時には自分を含め周囲の人の気持ちまでも気にします。周囲の人に対する気配りができるというのも女性ならではの長所です。

また、何より女性には命を産み育てるという忍耐力が母性には備わっているのです。

些細なことに思える部分にこそ、仕事において大切な問題が隠れていることがあります。

結果は同じであっても、そこまでのプロセスに今後の課題が隠されていることが実に多いのです。時間がかかってもこうしたプロセスを大切にすることで、大きな結果を最終的にもたらすことが出来るのです。

企業の中では数字を求めるあまりつい成果主義にとらわれてしまいがちになりますが、女性の細かな感性、能力を最大限に使うようにしてみてください。

今まで気付けなかった問題点や、新しい発見が見つかるかもしれません。

五感と人財が融合すれば会社はこうなる

さて、前章でお話した「行列の法則＝五感×メモリー（同意・否定）」は覚えていますか？

それを踏まえて最後に「五感」を活かした企業の一例をご紹介しましょう。

株式会社キャメル珈琲が全国展開する「ＫＡＬＤＩ（カルディ）」。

一九七七年の設立から今や国内百四十店舗だけに留まらず、海外にも店舗を出店している躍進企業です。

この「ＫＡＬＤＩ（カルディ）」の特徴は、働くスタッフのほぼ一〇〇％が女性だということです。これは会社自身がリサーチした結果、店舗を利用している顧客の大半が女性ということからユーザーの気持ちをしっかりとカタチにするために女性を中心とした人事構成になっているのです。そして女性がイキイキと活躍できる職場環境を創造するというビジョンが、さらにＫＡＬＤＩを発展させる要因になったのです。

ＫＡＬＤＩの店舗に一度でも行かれたことのある方はご存知だと思いますが、自社のホームページで「路地裏の宝探し」と形容しているように店内にはコーヒーをはじめとした、ありとあらゆる輸入食材が並べられており、珍しい商品がリーズナブルな価格で買えることで女性層から幅広い支持を集めています。

店頭でコーヒーやお酒の試飲を積極的に勧めているのもまたカルディの大きな特徴ともいえるでしょう。

店頭では女性のスタッフが挽きたてのコーヒーや開封したてのお酒を配り、その味と香りを楽しみながら顧客はカルディの中で買い物ができるシステムです。

『試飲』は顧客の五感を刺激させ購買のきっかけを作るトリガー（記憶の引き金）となります。

例え少量でも試飲をさせることによって、そのコーヒーやお酒の味と香りが顧客の五感を刺激する、つまり試飲によって、色などの見た目（視覚）、香り（嗅覚）、味（味覚）という感覚が刺激されるのです。

「試飲」の持つ効果は新規客の獲得のみならず、リピーターの増加、ひいてはロイヤルカスタマー（常連の顧客・ファン）の育成にも繋がります。

さて、カルディのような人気店はどのようにして出来上がるのか、その仕組みを探っていきましょう。

読者の方にもいらっしゃると思いますが、誰もがコーヒーやお酒が好きというわけではありませんよね。

「コーヒーは飲めないけど紅茶なら……」「お酒は好きじゃないけどジュースなら……」といったような代替の役割を果たす商品を希望している顧客も多いことでしょう。

趣味思考を細かく区切って考えれば万人が異なる訳ですから、需要が異なれば供給する側もできる限り売れ筋（需要のシェア率の大きいジャンルや商品）を扱いたいというのが本音だと思います。

では、調査を重ねて選りすぐりの商品ばかりを集めて販売すればそれで人気店になるのか？

答えは残念ながら「ＮＯ」です。

需要側、つまり消費者が一つの製品を購買するまでの背景は決して一色で表せられるものではありません。

なぜなら、消費者は今まで生きてきた自らの体験をもとに趣味思考をつくっているからです。もう少し具体的に言えば、脳内に刷り込まれた『手続き記憶』をもとに感覚主体で購買を決めているからなのです。

前章のラーメンの話のように、人は五感とメモリー（同意・否定）によって自ら体験した記憶を頭の中で整理し保管しています。

重要な体験や強い思い出は手続き記憶として分類され、いつでも取り出してすぐに見返せる保管庫へと整理されます。一方さして重要とは思えない体験や忘れたいと思う思い出は、短期記憶として施錠された倉庫へ乱雑に置かれていくのです。

こうして蓄積された手続き記憶を呼び起こすのが、「試飲」などの『トリガー（記憶の引き金）』

です。

来店が一度目の新規の顧客の場合、たまたまコーヒーの試飲のサービスに遭遇したとき、その顧客の脳の中ではコーヒーに関する手続き記憶が次々と引き出され、即座に頭の中で試飲をするべきかの会議が始まります。

試飲がコーヒーの場合なら、顧客はものの数秒のうちにその決断を決めるでしょう。それだけコーヒーは私たち日本人の日常生活に溶け込んだ商品であり、ほとんどの方が一度は飲んだことのあるものだからです。

これが珍しい物や体験したことのない物を試すという時は頭の中に、その事に関する事例（記憶）がないため多少迷い、決定が遅れる訳です。

このカルディのケースでいえば、こだわりの美味しいコーヒーやお酒を楽しんでもらうために世界中からあらゆる珍しい食材などの商品を集めています。

そこで「よりお客様にうちのコーヒーや商品を楽しんでもらうためにはどうすれば良いのか」そう考えたときにまずは、その取っ掛かりとしてコーヒーの試飲をトリガーとして使っているのです。

また、このトリガーとして使用しているコーヒーやお酒などの飲料は、商品をＰＲするためだけでなく、さらに販売力をアップさせる効果があります。

それは、コーヒーを飲みながら買い物をする場合と単純に買い物だけをする場合に時間の差があることです。

淹れたての美味しいコーヒーを手渡されると、コーヒーの美味しさを堪能しつつ、ついつい買う気もなかった商品に手を伸ばしてパッケージを眺めながら買い物をしてしまいます。すると自分では必要としていなかったはずの商品も、商品説明を読んでいるうちに一度試してみようかな。という気持ちになり目新しい商品を購入するきっかけが生まれるのです。

世界中から取り寄せている珍しい食材も顧客の目にふれなければ意味がありません。そこで、ただ必要な商品を購入するだけの買い物ではなく、新しい発見や喜びを与えられる買い物をしてもらうためにコーヒーの試飲がその時間とゆとりを作るきっかけになっているのです。

顧客の大半が女性ということがリサーチ済みですので、そのコーヒーの試飲を勧めるのも、商品の整理も、レジを打つのも全員が女性のスタッフです。

その店が扱っている商品にもよりますが、やはり誰しもが同性に対しては警戒心が薄らぐものなのでしょう。

働いているスタッフの仕事ぶりも実に活き活きとしていて、店頭では聞きやすい声でそれも積極的に試飲を勧めています。

レジを打つだけの役割ではなく、試飲を勧める役割、商品の整理をする役割、空になった試飲のカップを回収する役割、どの役割のスタッフも「やらされている」という義務的な感覚ではなく、むしろ率先して店の売り上げをあげようという主体性と団結力が伺えます。この主体性と団結力こそ『スタッフに責任を持たせる』本当の意味が隠されているのではないでしょうか。

またカルディは女性スタッフ中心の人事構成やコーヒーの試飲などの営業スタイルだけではなく、全国の店舗の内装から紙袋に至るまですべてを統一しているところにも経営者のこだわりが伺えます。

つまり、地元のカルディを利用している人ならば、扱っている商品やシステムを理解しているので、全国どこの支店に行ったとしても気兼ねなく入り買い物をすることができるのです。

一章にも書きましたが、「ビジョン」とは、どんな状況下でも揺らぐことなく絶対に守るべきルールであり、あくまで主となる目的はトレンドや経済に流されるものであってはなりません。

今回のカルディの場合、女性がイキイキと活躍できる職場環境を創造するというビジョンのもと、全店舗の内装と営業スタイル、そして現場で働くスタッフ・リーダーを女性で揃える徹底性、女性ならではの気配り・アイデア、それら全てが見事に調和し、顧客の五感を刺激し続けているのです。

マニュアル通りの接客ではなく、五感に反応する接客が、顧客の心を理解し状況に応じて臨機応変に対応できる柔軟性を生み出しているのです。

第四章
占見力でビジネスにツキを呼ぶ！

節目をけじめに代える占見力

第四章では、ビジネスにツキを呼ぶ身近な占見力についてお話ししていきましょう。

まずは季節の節目を上手に活用して、ビジネスにツキを呼ぶ方法です。


日本の伝統的な年中行事というと、何が思い浮かびますか？

一番に思い浮かぶのは、年の初めの「正月」でしょうか。

正月から始まり、七草、鏡開き、節分、桃の節句、端午の節句、七夕……。

こういった年中行事は、すべて季節の節目に当たるものなのです。

昔から人々の生活は自然の力に大きく左右されるため、どの国の年中行事も、自然と深い関係があります。

春には作物の実りを祈願し、秋には収穫の感謝の気持ちを表すために行事が行われてきました。

皆さんもよくご存知の、桃の節句、端午の節句、七夕は「五節句」と言われる行事の内の三つにあたるものです。

五節句は、中国の暦で定められた季節の変わり目のことで、三月三日、五月五日、七月七日、九月九日、一月だけは、一日が元旦なので、一月七日とされていますが、暦の中で、月と日にちが同じ奇数の重なる日を五節句としました。

数字の奇数は、一章でお話した、陰陽の「陽」にあたり、奇数が重なる（陽と陽が重なる）と「陰」になり、邪気が訪れる日とされ、邪気を避けるための避邪〔ひじゃ〕の行事として、季節の旬の植物から生命力をもらい邪気を祓うという目的から始まったのです。

五節句はそれぞれに意味があり、

一月七日は、人日《じんじつ》の節句《せっく》

七草粥を食べて一年の豊作と人々の無病息災を願う行事。

三月三日は、上巳《じょうし》の節句《せっく》

桃が咲く時期と重なることから「桃の節句」とも言われ、桃などの自然の生命力をもらって厄災を祓い、また女の子の誕生と成長を祝う行事。

五月五日は端午《たんご》の節句《せっく》

強い香気で厄を祓う菖蒲やよもぎを軒《のき》につるし、また菖蒲湯に入ることで無病息災を願いました。

また、「菖蒲」を「尚武〔しょうぶ〕」という言葉にかけて、勇ましい飾りをして男の子の誕生と成長を祝う行事。
七月七日は、七夕《しちせき》の節句《せっく》
この時期はお盆（旧七月一五日）を迎えるための準備（七夕盆）としての意味をもち、畑作の収穫祭を祝う行事。
九月九日は、重陽《ちょうよう》の節句《せっく》
奇数（陽）の中でも一番大きな数字が重なるという意味で重陽といわれ、菊に長寿を祈る行事。

このように昔から伝わる年中行事は、自然の季節の変わり目に、一つの節目（けじめ）をつけ、注意を払うことが重んじられてきたのです。

季節の変わり目は、よく体調を崩しますよね。

それは自然自体も大きな変化をするため、目に見えない強大なエネルギーが、この地球全体にかかっているのです。

そのような強大なエネルギーを浴びれば、どの生き物も体調を崩しやすくなります。そこで、昔の人たちは、季節の変わり目に病気をしないように、旬の食材を味わい栄養を摂って、健康でいられることを自然に感謝するため、このような行事を行ってきたのです。

こういった季節の変わり目に、注意を払うということは、ビジネスにおいても、とても大切なことです。

会社全体で体調管理を見直す機会にすることももちろんですが、季節の節目ごとに、事業の方向性や、業務の見直しを図る機会にしましょう。

先ほどの五節句も、一月、三月、五月、七月、九月と、けじめをつけるのにちょうど良い時期だと思いませんか？

年の初めに、会社全体の年度目標を決める。

三月の中間決算で、目標の達成率を確認する。

中だるみをしてしまう、五月で再度業務の見直しを図る。

七月の熱さに負けないよう、再度目標の達成率を確認し気を引き締める。

九月の決算で、目標に達していたか振り返り、反省を行う。

長期の目標も、一年、一年の積み重ねによって成し遂げられるものです。

短期のスパンで目標を決め、定期的にけじめをつけることを心がけてみましょう。

小さなけじめ（節目）を持つと、小さな達成感を何度も味わうことが出来ます。

大きい目標だけでは途方もない道を歩いているような感覚になり、自分の現在地を把握出来ず、道を見失い、途中で歩くことを諦めたくなることもあります。

小さなスパンのけじめと目標があるからこそ、目指している目的地に迷うことなく着実にたどり着けるのです。

年中行事を活用して、小さなけじめを会社全体で作ってみて下さい。

社員と一緒に小さな達成感や喜びを味わうことで、継続的に社員のモチベーションを保つことができ、良い命（会社）の運び方（経営）が出来るようになるでしょう。

価値のある情報はエンが運んでくる！

情報化社会と言われる現代、皆さんはどのようにして自分に必要な情報を得ていますか？

情報は私たちの周りに常に溢れていて、情報を集めることは、さほど難しいことではなくなりました。

むしろ、雑多に存在する情報の中から、自分にとって本当に価値のある情報を選び出すことの方が難しくなってきたのではないでしょうか。

情報が、宝くじのように絶対数が決まって存在するものなら、手に入れる情報数が多ければ多いほど、当たりの情報に巡り合う確率も増えることでしょう。しかし、残念ながら情報とはそういうものではありません。

「情報は山ほどあるが、欲しい情報は一つもない」と思うことも多々あります。

本当に価値のある情報に巡り合うには、情報を多く手に入れれば良いというものではないのです。

携帯電話を一人一台持つ時代になり、通信網が発達して、インターネットに接続すれば世界中のありとあらゆる情報に触れられる世の中になりました。

ところが、安易に得られる情報には役に立たない情報も多く含まれていて、時には間違った情報や、悪意のある情報さえ混じっています。

私たちは時に、この情報に惑わされ真実を見抜くことさえも出来なくなってしまうのです。

十数年前に「ザ・インターネット」という映画が放映されました。

ご存知の方もいらっしゃると思いますが、サンドラブロック演じるアンジェラというフリーの女性コンピューターアナリストが、ある重大な国家機密を知ってしまったことで、自分の存在をコンピューター上から完全に消失されてしまい、とんでもない事件に巻き込まれていくというストーリーです。

この映画が放映された当時は、今ほどパソコンや携帯の普及率も高くなく、それほど身近に感じられる映画でもなかったのですが、改めて観ると現代の情報至上主義の社会のあり方を考え直させる映画のように受け止められました。

また、この映画のもう一つのポイントは、主人公であるアンジェラの交友関係の希薄さにもあるのです。

テレビ、インターネット上で、日々大量に放出される情報量と、核家族化、ニート、ひきこもり、ネットカフェ難民と言う、キーワードが当たり前のように聞かれるようになった今日の社会状況を考えると、もはや映画の中だけの話ではないのかもしれません。

話は戻りますが、私たちが普段から得ている大量の情報の中から、本当に価値のある情報を得るにはどうしたら良いのか？

それには信頼できる人間関係をより多く築くことです。

本当に価値ある情報とは、人と接し、得られたものの中にしか存在しません。

いわば情報とは生き物のようなものなのです。

メディアで毎日流れている情報ではなく、人から人へと手渡しされる情報こそが生きた情報なのです。

ではなぜメディアで流れている情報が生きた情報とはいえないのか？

このような話をすると、日々情報を模索し発信しているメディア関係のお仕事をされている方に対し語弊を生むかもしれませんが、あえてここでは情報とは生き物である定義についてお話ししていきましょう。

生き物には生まれてから死ぬまでの期限、つまり寿命があります。

寿命のない生き物はこの地球には存在しません。人も動物も植物も水も全て限りある命の中で生き、次代へとその命を紡いでいるのです。

これは情報も同じです。

情報の一つ一つには必ず誕生があり、多くの人の意識に触れていくことにより拡大、つまり成長を続けます。しかし､その成長カーブはいずれ各々の寿命により､衰退をはじめていきます。

永遠に成長（拡大）を続ける情報は存在しないのです。つまり、情報とは人の意識という仮想空間に住む生き物ともいえるでしょう。より多くの意識がそこに集まることによって成長を続ける生き物。肯定の意識もあれば否定の意識もあり、その否定と肯定の増減、そして新たな

「関連情報※一」と「代替情報※二」の誕生・出現によって寿命が決まるのです。

【補足説明】

※一　関連情報＝競合他社が提供する同じ製品やサービスの情報。類似情報。

※二　代替情報＝同じ製品やサービスではないが、その代わりの役割を果たす別の情報。

情報のライフサイクルは、大きく分けて「誕生・出現期」「成長期」「成熟期」「衰退期」の四つがあります。

「ブーム」とは、その情報が衰退を迎える一歩前の成熟期と私は考えています。

そして残念ながら、多くの経営者が「ブーム」に乗り、一歩先の衰退を予測できていないというのが情報過多の現代社会の特徴といえると思います。

もちろん自らの趣味範囲に取り入れる情報であれば、衰退の一歩前に取り入れたとしてもさほど損害を被るということはないでしょう。

ただそれがビジネスや投資などの自らの糧になる情報、もしくは家族や友人・恋人の人生に関わる重要な情報であるならば、取り入れる時期によって情報は人生の明暗を左右する鍵ともなりえます。

目にはなかなか見えない〝情報〟の実態を知るためにも、まずは〝情報〟のライフサイクルの表を見てみましょう。

信頼できる情報と一言で言っても、情報は生き物であり成長を続ければ衰退をしていくものです。

同じ情報でも取り入れる時期によって、有益にも不利益にもなりうるものなのです。経営をする上では、情報を取り入れる時期の見極めが最大のマーケティングなのです。

また、昨今の北朝鮮のミサイル問題のような人災、戦災、天災など命の危険に関わる問題はいち早く耳に入れておかなければ自らが被害者ともなりえます。

情報を掴む時期を誤ればビジネスなどの金銭的な問題だけでなく、人生を運ぶうえで危機的状況を生み出す可能性もあるのです。

誕生・出現期

ビジネスの場合でいうならば製品・サービスの本質的機能が見えにくい段階。誕生・出現期の段階では、情報は認知度が低い鮮度の高いもの。投資でいうところのハイリスクハイリターン。

成長期

意識の需要拡大により情報は急成長を続ける。

成長期の始まりはまだ垢のついていない無垢な段階ともいえ、世間の意識が肯定的のものなのか、否定的なものなのかで情報の良し悪し、寿命が決まる。

誕生・出現期に比べ、リスクは相当落ち、成長期の始まりならばリターンも大きい。

しかし情報の成長(拡大)にはカンフル剤のように必ずマスコミの力が働いている。このマスコミの力により急成長を始めた情報は、より多くの意識に拡大を続け成熟期を迎える。

成熟期

成長期に誕生・出現期を迎えた関連情報が成長期に入り、市場、世間の意識が混乱をはじめる。

その情報への世間の【肯定・否定】の割合で、関連情報と限られたパイの奪い合いの様相を呈し始める。

目前には衰退期が迫っているが、多くの人々の意識がまだこれらの情報に注目しているのでローリスクローリターン。

衰退期

人々の意識からこの情報が消えていく段階。

新たな"代替情報"の出現や、"関連情報"との意識の奪い合いに負け、衰退のカーブを降下していく。

情報は、このときハイリスクローリターンなものにもなりうる。

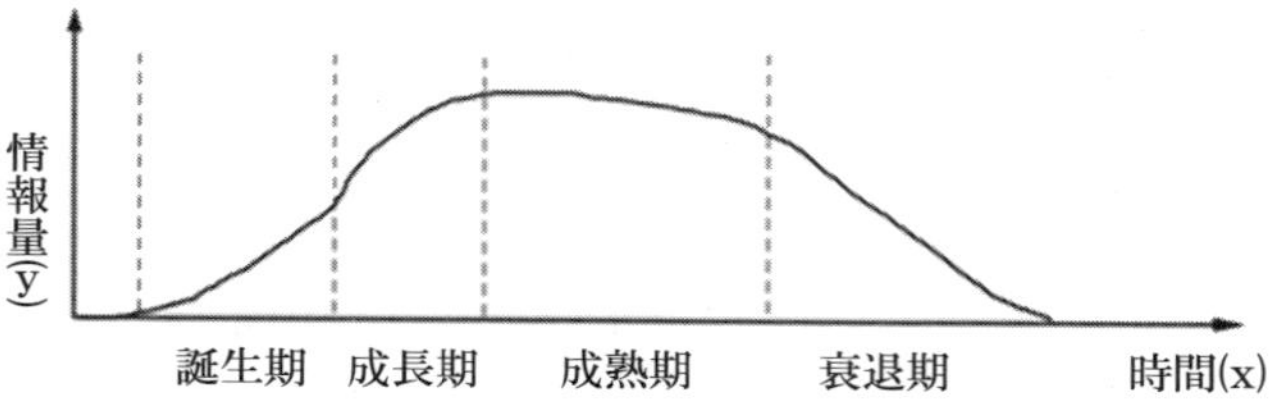

そもそも情報は、人を介して得ることによって初めて価値を持ちます。人と接することで得られた情報は、あなたにとってその時一番必要としている新鮮な情報なのです。

なぜなら、人との出会いは、偶然ではなく必然的で、その時にあなたに必要だからこそ、その出会いは訪れるのです。

人との付き合いを初めから面倒くさがっていては、生きた情報、自分にとって価値ある情報を得ることは出来ません。

私は人と出会い、会話をすることが大好きです。だからこそ、この仕事をさせていただいています。さまざまな人と接することで、自分とは違う物の見方、捉え方に、改めて気付かせてもらえます。私は常に新しい刺激を受け、毎日生きた情報をいただいているのです。

人から得る情報は、メディアから一方的に排出される情報とは違い、何一つ無駄になるものはありません。時には新しい発見や気付きを与えてくれ、自分を振り返り内省する機会をも与えてくれます。

自分から情報を発信するときも、人のため世のためになる価値のある情報を提供するように心がけましょう。すると次第にあなたの周りには、本当に自分が必要としている情報が集まってくるようになります。

生きた情報、価値のある情報をたくさん手にするほど、人生は豊かになり、また自分の運命だけでなく、人の運命も良い方向に導くことが出来るのです。

運氣を変えチャンスを呼び込む〝一言〟

たくさんの方のご相談をお受けしてきて、改めて感じることは、この世には、不思議な縁がたくさんあるということです。

特に一生の付き合いとなる人との巡り合わせは、「縁」としか言いようがありません。もちろん私は、この世の縁は全て起こるべくして起こった上でのつながりだと考えています。「縁」という言葉は、縁の不思議さを尊び、大切にしようという気持ちが表れた素晴らしい言葉だと思います。

私たちは普通に生活しているだけで、毎日天文学的な数の人たちと出会い、そして、その出会いのほとんどは、たった一度きりのものばかりです。

道ですれ違うだけでも、同じ電車に居合わせただけでもそれは立派な縁です。話すこともなければ、視線を合わせることもない、出会ったことすら一瞬のうちに忘れてしまうような出会いも立派な縁なのです。

この一瞬の縁も良い状態で終わらせることで、運氣の貯蓄に繋がります。

毎日、何百人という人との一瞬の縁を良い状態で終わらせることが出来れば、一ヶ月でとても大きな運氣の貯蓄になります。

「袖すり合うも他生の縁」といいますが、「他生の縁」とは前世（他の時代）からの因縁という意味があります。「他生」という字からも分かるように、他人に何かしらの影響を生むことを意味しているのです。見知らぬ人と袖が触れ合うような些細な出来事も、偶然ではなく深い宿縁から生じているということで、どんな出会いもおろそかにしてはいけないという教えです。

先日、信号待ちをしている時に、とても素晴らしい縁をみつけました。

交差点で前に並んでいた初老の男性が、隣にいた若い男性に声をかけました。

用件は、バスターミナルまで行く道筋を聞いていたのです。道を聞かれた男性は、親切丁寧に分かりやすく道を教えてあげていました。信号が青に変わり歩き出す瞬間に、初老の男性が丁寧に頭を下げ御礼を言うと、若い男性が一言「お気をつけて」とやさしく最後の声をかけたのです。

きっと、この縁はそれぞれの一生の間で、この時が最初で最後かもしれません。しかし、この若い男性の一言が、この一瞬の縁をとても良い状態で終わらせたのです。

また、この時私の心にとても心地良い余韻が残りました。

きっと私以外の半径一m以内にいた数名の方たちもその言葉を耳にして心地良い余韻を感じたことでしょう。不思議なもので、その心地よい余韻は、人をやさしい気持ちに変えてくれます。そしてまた、そのやさしい気持ちは、別の場所で困っている人にやさしさを与えてあげられるものになるのです。

縁というものは、自分のまわりにたくさん転がっています。

言葉を交わすこともなく、通り過ぎるだけの縁もあれば、ほんの少し挨拶を交わす縁もあり、深く付き合う縁もあります。

私たちが日々生活している中で訪れる縁の七〇％は、ただ通り過ぎるだけの縁かもしれません。

しかし、いつどのタイミングで、この小さな縁が大きな縁に変わるか分かりません。どんなに小さな縁でも他人に何かの影響を生むことを忘れないようにしましょう。

松下電器の創業者である松下幸之助氏の有名なエピソードですが、ある中小企業の社長が、新幹線の中で松下幸之助が同じ車両に乗っていることを知り、以前から松下幸之助のファンだった社長は一言挨拶だけでもと思い売店でみかんを買って「宜しければ召し上がってください」と、みかんを二～三個手渡し挨拶をしたそうです。

新幹線に乗っているわずかの間でしたが、松下幸之助と直接話すことが出来て満足した社長は自分の席に戻りました。

ほどなくして京都駅に着こうという時、松下幸之助が社長の席まで来て、「先ほどはありがとうございました。のどが渇いていたので大変助かりました」とわざわざ自分が降りる前にお礼の挨拶に来たのです。

みかんを渡しただけなのに、わざわざ挨拶にまで来ていただけてと大変感動をした社長でしたが、さらに社長を感激させる出来事が起こりました。

京都駅から新幹線が動き出した時、ふと窓の外を見ると、松下幸之助が動き出した新幹線に向かって、姿が見えなくなるまで深々と頭を下げていたそうです。

この光景を見て社長は、涙が溢れて止まらなかったと言います。

会社に戻るとすぐに、会社の製品を全て松下製品に買い換えるよう命じたのでした。

一瞬の出会いも、疎かにせず、感謝の気持ちを持って人と接していた松下幸之助氏ならではのエピソードでしょう。

この広い世界でせっかく出会えた縁はただの偶然ではありません。

お互いに良い縁だったと思えるようにしたいと思いませんか。

縁を意識すると、たった一言のあいさつも特別な意味を持って感じられてきます。

毎朝の「おはようございます」も面倒くさいなんて思わずに、今日も変わりなく無事に出会えた喜びの気持ちを表してみてください。

「さようなら」も、あなたに会えて良かった。またお会いましょうという気持ちで伝えてみて下さい。

気持ちの良い挨拶は表情が明るくなります。

表情が明るくなると、相手の気持ちも変わります。

相手の気持ちが変わると、互いの人間関係が変わります。

人間関係が変わると、運氣が変わります。

良い挨拶は良い運氣に変わっていくのです。

何かを変える時には、まず自分の気持ちを変えることから始まります。

挨拶を変えることは誰にでもすぐに出来る一番大きな成功の変革なのです。

自然と共存共生する企業づくり

日本の食料自給率の低さが昭和四〇年代からずっと深刻な問題になっています。平成一九年度の日本の食料自給率は約四〇％（カロリーベース）。つまり、私たちが普段口にしている食料の六割は輸入に頼っているのが現状です。

そうは言っても、スーパーに行けばありとあらゆる食材が手に入り、外食産業も世界の中でもトップクラスの品質と店舗数で、自給率の低さが大きな問題として受け止められる現実を目の当たりにする機会は少ないかもしれません。

しかし、このまま日本が自国で消費する食品を海外からの輸入に頼り続けることは本当に深刻な経済問題です。

昨年、中国で作られた冷凍食品の餃子に薬物が混入され、被害者も出る大きな事件がおこりました。

こういった事件も、食品の自給率の低さに大きく影響を受けている結果です。国産よりも中国産が安いという理由で消費者は商品を購入します。このまま自給率が下がり、自国で消費するだけの食品が自給できなければ、多少の問題があっても他国に頼らざる得ない現実が出てきてしまうのです。

五年ほど前、狂牛病でアメリカからの牛肉の輸入が停止した時も、大手外食チェーン店の吉野家も一時的に主力商品である牛丼の提供を停止せざるを得ませんでした。

こういった自給率の低さからくる企業の経営的打撃は、外食産業などの食品業界だけではなく、様々な業種の企業にも大きな影響を及ぼします。

この物が溢れる豊かな経済状態の中で、子供たちに物を大切に使うことや、限りある資源を大切に使うことを教育していくのは難しいことですが、これから先の日本の未来を考えたときに、ずっとこのままの物が溢れた経済状態を保ち続けていける保証はどこにもありません。

自分たちが消費する分だけ生産し、余って捨てるほどの大量生産はなるべくおこなわない。これは企業一社一社がこれから目標にしていかなくてはならない課題だと思います。

以前から、私のところへご相談に来られる企業の経営者の方々には、このようなお話をしてきました。

「これから企業に求められることは、自然と共存共生できる企業づくりです」と。

もちろん何年も前から、環境保護を訴え、エコロジー商品の開発を手がけている企業はたくさんあります。ソーラーパネル、ハイブリッドカー、省エネ家電。エコをテーマした商品がたくさん開発され、私たちの生活にも、すっかり溶け込んできました。

でも自然と共存する企業づくりは、大々的なエコロジー商品の開発をおこなうことばかりではありません。もっと身近で、もっと簡単に、どの企業でも出来る取り組みはたくさんあるのです。

数年前から、自然と共存共生する企業づくりを始められた、ある企業の取り組みについてご紹介しましょう。

京都の郊外に大きな工場を持つ、ある電気部品メーカーの企業です。

明るく行動力のある経営者の方で、以前私が「自然と共存できる企業づくりを是非目指していって下さい」とお話したところ、早速工場の敷地内に農園を作ってくださったのです。

農園といっても、始めはたたみ六畳ほどの家庭菜園を少し大きくした規模のものでした。農園を始められてから、社長はだんだん農業の面白さを発見していき、ご相談にいらっしゃる時には、決まって農園のお話になりました。

しかし、社長一人で農業の楽しみを実感しているだけでは、自然と共存する企業づくりにはなりません。あくまで一人でも多くの方に農業の楽しみ、自然とのふれあいを実感してもらうことが、自然と共存する企業づくりなのです。

そこで社長は工場に勤務されている社員に農園の業務を当番性でおこなうように、業務の一環として、農園業務の時間を導入したのです。始めは社員も、仕事に来ているのに家庭菜園なんて社長は一体何を考えているのか、と不審に思ったそうです。夏の暑い日に、水やりや草むしりなどの労働は本当に過酷です。

しかし、この過酷な農園業務をおこなううちに社員から嬉しい言葉が出てくるようになったのです。

「今まで当たり前に食べていた野菜が、収穫できるまでに、これほどの時間と労力がかかることを知らなかった。食事が当たり前に食べられることにありがたみを感じた」など、自然を相手にすることの大変さ、またその苦労の中から得られる充実感を味わうことが出来たということでした。

さらに、会社の中で面白い変化がたくさん出てきたのです。

部署を超えて、役職を超えて、皆が一体となって農園業務に取り組むようにより、互いに助け合い、分かち合う心が生まれ、コミュニケーションが以前よりも図れるようになり、チームの結束力が高まったのです。

今では工場の余っていた敷地はほとんど農園になり、収穫時には地域の人たちに、毎年無農薬の自家製野菜を配り以前よりも親睦が深まったそうです。

社長の今後の目標は、地域の方たちにも農園を開放し、自然と触れ合う楽しみを知ってもらう機会をもうけることだとおっしゃっていました。

自然と共存共生できる企業とは、自然と共に生きて、自然の恩恵に感謝し、自然の驚異に仲間と立ち向かう心を養うことで、共に生き、共に生かす仲間同士の共生が出来る企業なのです。

既に多くの人達のエコ意識が高まっているのも事実です。

ハイブリットカーのプリウスも注文から納品まで半年かかるほどの人気があり、エコポイントにより、エコ家電の注目度が集まっています。

しかしながら、私たちの身近な土地は便利さを求めるあまり、むき出しの土からアスファルト舗装に変わり、普段生活をしている中で土の上を歩く生活も少なくなりました。地球温暖化を防ぐためには、二酸化炭素の排出量を減らすことと同時に、全ての基礎となる土を身近な場所から少しずつ復活させることも大切なエコロジー活動なのです。地球の温暖化を少しでも減少させる、自然と共存する企業作りを是非経営者の方たちに行っていただけたらと願っています。

「顧客満足度」から「顧客感動度」へ

「お客様が自社の商品や、サービスに満足されているか？」

このことは企業の経営者にとって、とても気になるところでしょう。

数年ほど前から「顧客満足度」という言葉が頻繁に飛び交うようになり、多くの企業が顧客満足度向上のためのセミナーやコンサルティングを導入するようになりました。

自社の商品、サービスに満足してもらえるよう、日々絶え間ない努力をしている企業が増え、私たち消費者の生活水準も時代とともにどんどん上がっていることは事実です。

しかしながら付加価値のある商品やサービスは、この世の中に溢れ、すでにこの日本の市場は、「満」ち「足」りた時代になってきました。

そこで消費者がさらに、商品やサービスに求めることは「顧客満足度」を超えた「顧客感動度」になってきたのです。

企業がこれから提供すべきもの、それは**「感動」**です。

感動は、万人の行動の原動力になるのです。

感動と満足の違いを一言で言い表すとしたら、その先に成長があるかないかの違いだと思います。

「満足」という感情は、ある意味においては一つの終焉でもあります。

求めていた結果が裏切られることなく、良い結果で終わることが満足です。

もちろん期待を裏切らずに、良い結果で終わらせることが出来るだけでも素晴らしいことです。

しかしながら人の記憶とは曖昧なもので、満足をしただけでは記憶として残るのに、いま一つ不十分なのです。

そこで、満足を超えた「感動」が必要になるのです。

「感動」は、新たな成長カーブを生み出す全ての始まりともなるものなのです。

想像していた以上に楽しかった時。

予想もしていなかった嬉しいサプライズがあった時。

感情は、楽しい。嬉しい。を超えて特別なものに変わります。

それは**良い意味で人の期待を裏切った時に訪れる「感動」**なのです。

感動をすると、さらに次はどのような感動（サプライズ）が待ち受けているのかと、想像出来ない未知の感動体験を求めて、人はまた次の行動を起こすのです。

言うなれば、感動に満腹感はありません。それこそが感動の定義とも言えます。

感動はいくらあっても、何度あっても飽きることはないものであり、顧客にとっても、企業にとっても成長し続ける感情なのです。


ここで、すでに「顧客感動度」を実践している、ある企業を例にとってお話しましょう。

次々と革新的なゲームを世に送り出している「任天堂」です。

最近では、「wii」を大ヒットさせました。

「wii」は、これまでの自室にこもって一、二人で行う少人数型のゲームスタイルの概念を打ちこわし、家族、友達みんなで楽しめる多人数型のゲームスタイルを確立させました。

コントローラーを握って体を動かすだけで、誰でも簡単に楽しめる疑似体験型のゲームは、難しい操作が要らないため、今までゲームに縁遠かった、お年寄りや女性から支持も集めることができ、ゲーム業界に新たな革命をおこしたのです。

「任天堂」には、企業理念がないという話を一度耳にしたことがあります。

「任天堂」という名前の由来は「人生一寸先が闇、運は天に任せて、与えられた仕事に全力で取り組む」「人事を尽くして天命を待つ」という言葉からきていると社史に記されているそうです。

花札から始まり、幾度となく失敗を繰り返し、その度に様々な努力と独創的な発想で娯楽を世に提供してきた任天堂の開発の精神は、技術だけではなく、楽しい、面白いという素直な感動が人を動かす。という根本からきているのでしょう。

まさに、任天堂の経営理念とは「企業理念がない（企業理念を持たない）自由な発想・感性を重んじる企業」ということなのでしょう。

そして、この精神が多くの人に支持され求められる要因になっているのです。

五感を使って喜ぶ商品を開発し、世に送り出していくこと、これはこれからの企業に

求められる新しい企業戦略です。

そのためには経営者も社員も、常に自分自身の五感を磨き、「感動」というものを自らが実感できる毎日を送ることが大切です。

第五章
五感セールス・マーケティング

自然の法則と社会の法則を結びつける鍵

まずは、ここまでお読み頂き有難うございました。
いよいよ、本書のまとめとなる最終章となりました。

今まで、一章から四章を通してお伝えしてきたことの共通点であり、この書籍で最も皆様にお伝えしたいことである【自然の法則＋社会の法則＝成功を叶える占見力】の確信についてこの章で触れていきたいと思います。

実は、この自然の法則と社会の法則の違いに気付き、そのギャップを埋めて、双方を上手に理解している人達が、この世の中で成功している人達なのです。

言い換えれば、私たちが生きている世の中の社会の法則（ルール）の周りには、さらに大きな自然の法則（ルール）が存在し、その自然の法則を理解しなければ社会の法則の中でも成功を手にすることが出来ないのです。

少し難しい言い方をしてしまいましたが、そもそも社会の法則（ルール）と自然の法則（ルール）とは何なのかを簡単にご説明しましょう。
高度な科学文明の世の中で私たちは毎日便利さを追求しながら生活をしています。電話やメールを使えば地球の裏側の人ともコミュニケーションをとることができ、飛行機に乗れば十数時間後には実際に会いに行くことも出来ます。夏の暑い日にクーラーをつければ涼しく快適に過ごせ、冬の寒い日に暖房を付ければ部屋の中ではTシャツ一枚で過ごすことが出来ます。

そういった生活を日常茶飯事当たり前のように送っている私たちにとって、自然界の法則（ルール）が自分たちの人生に大きな影響を日々様々な形で与えていることに気付けないのは仕方の無いことなのかもしれません。

しかしながら、私たち人類は誕生してから今日に至るまで、何一つ変わらない地球のエネルギーを受けながら生活をし、そしてそのエネルギーによって個人の人生も人間の歴史も左右されてきたのです。

簡単に言ってしまえば、紀元前一万年前の石器時代の洞穴に住んでいた人間と鉄筋コンクリート造のマンションに住んでいる現代人とでは何一つ変わらない自然の法則の中で生かされているという訳です。

そもそも人類は、自然の厳しさから身を守り自然と共に生きるために様々な知恵を絞り生活に必要な道具を作り出してきました。その結果、文明が発達したのです。

しかしながら、自然から身を守ることを目的にして発達してきた文明が、いつしか人類の欲を満たすことが主の目的になってしまい、私たちは便利な暮らしと引き換えに自然の法則の中で生かされている自覚を失っていってしまったのです。

こうして、自然の法則と社会の法則の間に少しずつ溝（ギャップ）が生まれてしまったのです。でも私たち現代人は完全に自然の法則を忘れてしまったという訳ではありません。私たち現代人にもかすかに自然界の法則を感じ取る能力が残されています。

例えば朝起きて窓を開けるとどしゃぶりの雨だった時、少なからず心が沈みますよね。また、春の新芽を目にした時に新鮮な気持ちになったり、急に湿度が上がって蒸し暑くなった時「雨が降りそうだから傘を用意しよう」と思ったり、暗くて先の見えないトンネルを見ると恐怖心を覚えたりと、感覚的に本能的に、こうした自然界のエネルギー（氣）を感じとる能力が残っています。そして、まさにこの氣が私たちの日々の生活に様々なところで影響を与えているのです。

風水という言葉を一度は耳にされたことがあるかと思いますが、風水の本当の意味をご存知ですか？

きっと大半の方のイメージは、「西に黄色いものを置くと金運がアップする」という一種の迷信か占いのようなものという認識を持たれている方が多いのではないでしょうか。

せっかくですので本書をお読みの読者の方で、風水が迷信や占いのようなものという認識をお持ちでしたら、是非とも今この場でその解釈を忘れていただきたいと思います。そして、風水の新しい解釈はこのように理解して下さい。

風水は、自然の法則と社会の法則を結びつける鍵であると。

風水を使うことによって、私たちが住んでいるこの目に見える世界（社会の法則）と、その周りを取り巻いている目に見えない世界（自然の法則）を上手に結びつけ、そのギャップを埋めることが出来るのです。

冒頭でお話したように、社会の法則と自然の法則の違いに気付き、そのギャップを埋めることが出来れば望んでいる成功を手にすることができます。

そうなると、**風水はまさに人生の成功の鍵**ということになりますね。

それでは早速、風水がどのようにビジネスに成功をもたらしてくれるのかについて詳しくお話していきましょう。

その前に一つだけ注意しておいてください。

これからご紹介する風水は、お金を儲けることだけを目的とした風水ではありません。あくまで自然の法則に沿って理想的な企業（店舗）の在り方とはどういうものかを説いたものです。ですから、お金儲けを主の目的として考えて、この風水を取り入れても自然の法則の表面的な一部分を取り入れたことにしかなりませんので、大きな効果は期待出来ません。

自然に感謝の気持ちを持って風水を取り入れることを意識してください。そうすることで、この世の中のいたるところに自然の法則と社会の法則のギャップ（溝）があることに気づくようになるでしょう。あとは、そのギャップを埋めるために必要な風水をビジネスにとり入れることで、目指していた成功に近づくことが出来るようになります。

私たちは自然と共存共生し文明を発展させ生活をし、商売もまた自然の恩恵を受けて行っているのですから、その自然の持つエネルギーに感謝をしながら上手に店舗やオフィスにエネルギーを取り入れることが成功の鍵になるのです。

行列が出来る店の面白い共通点

皆さんの会社や自宅の近くに、味はさほどたいしたことがないけど常に行列が出来ている飲食店はありませんか？

周辺環境や潜在顧客層をリサーチして、さらに商品の価格設定やメニューを人間の購買心理に基づいてマーケティングし、費用対効果の高い広告ＰＲを実行すればたいていビジネスは上手くいくと思われる方もいらっしゃると思いますが、常に行列を絶やさず、リピーターのみならず新規顧客を呼び込み続けるというのは、かなりの至難の業です。

もちろん、ビジネスにおいては、こういったマーケティングやリサーチは欠かせません。しかしながら、大手の外食チェーン店が相当な資金を投入して新店舗を作ったのにも関わらず一年以内に見切りをつけて撤退してしまうという例も少なくありませんよね。

では、どうしてこのようなことが起こってしまうのでしょうか？

そこでまずは、行列が出来る店の特長について風水的な観点から箇条書きにピックアップしてみましょう。

【行列が出来る店の風水的特長】

■入口がすっきりと美しい
■入口に明るい色（暖色系）や、照明を多めに用いている
■鋭角なもの、とげのあるインテリアはなるべく置かない
■蛍光灯ではなく白熱灯（またはハロゲンライト）を使用している
■生花もしくは勢いのある絵画が飾ってある
■円卓もしくは丸いインテリアが目に付くところにある
■木の看板を掲げている。のれんをかける。
■ロゴマーク（ロゴ）が明快で分かりやすく覚えやすい

簡単にわかりやすい特徴を挙げるとこのようなところです。

では、何故この箇条書きにした特徴が、行列が出来る店の風水的特長なのか、それでは一つずつ説明していきましょう。

■入口がすっきりと美しい

入口というのは、その店の顔です。

朝、たいていの人が顔を洗って、すっきりさっぱりした気持ちで出かけていきます。お店の入口も人の顔と同じように、毎日キレイに掃除をして、すっきりとした印象を持たせましょう。

人と人との出会いでも、入り口（第一印象）はとても大切です。初めて出会った時の印象が、だらしない感じがする、暗い感じがする、とっつきにくい、という印象を持たれてしまうと、その後の関係を築いていくのに相当の時間と労力が必要になります。第一印象が良くない時点で、相手から得られるはずの情報が入りづらくなってしまい、商談がスムーズにいかなくなりますよね。

不特定多数の顧客を相手にする店であれば、絶対に入口はキレイに整頓し入りやすい印象を与えるのは当たり前のことです。自然のエネルギーが入りやすく店全体が活気付きます。また、入口を作る際には内開きの扉をオススメします。人の心理で引くという動作よりも押すという動作の方が抵抗がなく、大抵の人は、扉がどちらに開くのか分からない時押す動作を始めに行います。そして風水的に見ても内開きの扉は、外からの良い氣（風）が扉を開けるごとにスムーズに入ってくる構造なのです。

お客様だけでなく、自然のエネルギーもどんどん取り入れて、その良い氣を味方につけることが大切です。

■入口に明るい色（暖色系）や、照明を多めに用いている

入り口に暖色系の明るいモチーフを置いたり、照明を多くして明るくするのは、五行の特長でもお話した火の特性と関係があります。火（照明や暖色系のモチーフ）は人を集める効果があります。

太古の昔から、人は暖をとったり料理をするために火を利用してきました。そして火の周りには人が集まり、自然と和やかな雰囲気、楽しい雰囲気を作り出す効果があるのです。私たちのDNAレベルで感じ取る火の特長を上手く利用して、店の入り口に「ここは食事をするところですよ」「一緒に暖をとりませんか」というように無意識に顧客の潜在意識に呼びかける効果が照明や暖色系のモチーフにあるのです。身近な例で言えば、焼き鳥屋や居酒屋の入り口にある赤提灯はまさに集客のための演出効果を発揮していると言えるでしょう。

ただし、密会用に使用するような隠れ家的なお店の場合はあえて人を寄せ付けないように、玄関には照明を多く用いらないようにしましょう。

■鋭角なもの、とげのあるインテリアはなるべく置かない

鋭角なものやとげとげしいものを見て、心が安らぐという方は少ないと思います。そもそも鋭角なものは、獲物をしとめる時に用いた槍や、料理をするときに食べ物を細かく切るための道具として昔から用いられてきました。

そのため、鋭角なものを見ると傷つくという潜在意識が働きます。すると自分の視界に直接鋭角なものが入ってこなくても、近くに置いてあるだけで防御反応が働き、緊張感が高まりストレスがたまって落ち着かない、何となく居心地が悪いという感覚におちいるのです。

■蛍光灯ではなく白熱灯（またはハロゲンライト）を使用している

皆さんは蛍光灯と白熱灯のイメージはどのようにお持ちですか？

男性の方の場合さほど気にされない傾向にありますが、蛍光灯は人の肌の色を青白く見せたり、白熱灯に比べ明るさが強いため細部まではっきり見える特長があり、女性からは敬遠される光でもあります。

部屋や空間のイメージと役割や演出によって、電球を使い分けていらっしゃると思いますが、風水の観点からお話しすると、蛍光灯を使用している店よりも白熱灯やハロゲンライトを使用

している店の方が、人が集まりやすい特長があるのです。

何故なら人は昔から、太陽と共に生活をしてきました。

その太陽の陽の光に近い色合いを出しているのが、白熱灯やハロゲンライトなのです。蛍光灯の光は、白に青い光が加わりクールな印象を与えます。この色合いは自然界にはない人工的に作られた色合いです。ですから蛍光灯の下にいて元気が出たり、心が安らぐという効果は期待出来ません。

日中の太陽の光が人々に元気（活力）を与え、夜の焚き火の光が人々の心を癒してきたのです。そういった点から、蛍光灯よりも太陽や焚き火の色の代替となる白熱灯やハロゲンライトをなるべく使用することをオススメします。

話は変わりますが、繁華街を明るく照らす電飾が人間の体に害のあるプラスイオンを発生していることはご存知ですか？　プラスイオンとはマイナスイオンの反対で体内の交感神経（緊張状態）を過剰に反応させる特長があります。そのプラスイオンを浴び続けると、自律神経が失調し、緊張とリラックスの切替が出来なくなってしまうのです。ある実験で繁華街の電飾から放出されるプラスイオンを浴び続けることによって自立神経が失調し、過度の緊張状態から暴力的になるという結果が出ています。

照明の選び方や使い方は、その光を浴びることにより得られるエネルギーや心理的、身体的効果がどういうものであるかを考えると理想的です。また、それと同時に自然を大切にするエコロジーの観点からもエコ電球を選んでみて下さい。

■生花もしくは勢いのある絵画が飾ってある

風水において、最も大切なことは誰もが心地よいと思える空間を作ることです。心地よい空間とは、常に新鮮な空気（風）が流れ、みずみずしい潤い（水）が保たれ、生き生きとした躍動感を感じられる空間です。

それは、まさに深い森林の中を歩いている時のあの清々しく生気に満ちた空気感のようなものです。それを室内で再現しようと思うとそれなりの無理が生じてきますが、一つ簡単に行えることが花を飾ることです。ただし花なら何でも良いというわけではありません。出来ることなら生きている花、生花が一番効果的です。もちろん花だけではなく観葉植物を置くのも効果的です。

よく病院のお見舞いに切花（生花）を持っていきますよね。それは無難だからという意見も多いとは思いますが、病院に入院している人に一番欠乏しているものは躍動的な生気です。物言わぬ花が光によって色鮮やかに発色し、そしてほのかに香る柔らかい香りが、視覚と嗅覚に訴え脳を刺激するのです。何より植物はマイナスイオンを発生し副交感神経を働かせリラックスした状態にしてくれます。

花が与える人への癒しと生命力のパワーはとても大きいものがあります。生きているもの（生命のあるもの）は例え言葉を発しなくても気持ちがあるのです。「氣持ち」という字は「氣を持つ」と書きますよね。エネルギー（氣）を持続させて持つという意味です。ですから、枯れてしまった花を長時間飾っていたり、あえてドライフラワーにした花を飾っていると逆に自分の生気が奪われてしまうので要注意です。またせっかく生花を飾っても手入れが行き届かず、いつの間にか水が腐っていた。ということもあるかもしれませんが、命あるものに対しては氣持ちを持って手入れをしましょう。

出来ることなら生花を飾ることをオススメしますが、コスト的な問題があれば造花もしくは五感や直感で『良いな』と感じた絵画や自然や人を大切にした文や字の書を飾るのも良いでしょう。ホコリがかぶらないように小まめに清潔感を保つことがポイントです。

■円卓もしくは丸いインテリアが目に付くところにある

ここで一つイメージしてみて下さい。

あなたの目の前に「○」と「×」が書かれた箱がそれぞれ一つずつ置かれています。さあ。あなたならどちらの箱を開きますか？

まず大抵の方が○の箱を選ばれることでしょう。

それは、○＝「ＹＥＳ」「ＯＫ」という肯定的なイメージがあるからなのです。

中には興味本位であえて「×」を選択されるという方もいらっしゃると思いますが、×は「ＮＯ」という否定的なイメージや「危険」という意味もこめられているので、箱の中身がどういうものか分からない未知の状態で×を選択するのは、よほどの勇気の持ち主でしょう。

こういった、○と×のイメージは潜在的に埋め込まれたイメージなので、店内の視覚に入る部分に丸いものが置かれていると肯定的な印象を受け、×印が視覚に入ると否定的な印象を受けます。肯定的な印象を受ければ、「この店に入って正解だった」「このメニューを選んで正解だった」というイメージに変わります。ですから店内で顧客の目につくところにはなるべく丸いインテリアを置くように心がけましょう。スペースなどの関係で丸いテーブルを置くのが難しい場合は、角が尖っていない、丸みのある四角いテーブルでも大丈夫です。

間違っても店の入口に×印の模様が入ったインテリアを置かないように気をつけてください。顧客は「入るな危険」というイメージを潜在的にうえつけられてしまいます。ただし、土地や建物に関しては円形が良いというわけではありませんのでご注意下さい。

また、円（丸）と言えば昔から通貨を表しますが、昔から世界共通で用いられてきた通貨の形は丸型のものがほとんどでした。通貨が丸い理由は諸説ありますが、金は転々と社会に流通するものだから、磨り減らない形のものが良いとされ四角や三角のように角があるものではなく、角のない丸型が良いとされたという説があるそうです。人も角のある人間は、人と喧嘩して円満にいかないので、金の形もそれと同様に丸い方が良いという考えもあるそうです。

東洋哲学の○は、陰陽五行で描かれる「太陰大極図」のように、陰（－）と陽（＋）の二つの調和から成り立っていて、これはどの物質も事柄も同様であると考えられているのです。ですから、円というのは人との縁においても、自分と自分以外の人との調和（コミュニケーション）が円滑になる良い流れを生む形とされているため、店舗などで使用すると良い形なのです。

■木の看板を掲げている

五行の特性でお話した木の特性は覚えていらっしゃいますか？

木は、目標（太陽）があると上へ上へ伸びる成長力があります。

木の看板は、江戸時代に店の象徴として入口の真上に大きく堂々と掲げられていました。そんな店の象徴である看板が木で作られているのも、木の特性の成長力と店の繁栄（商売繁盛）をかけたからなのです。

創業数百年と今もなお人気のある京都の老舗の多くは、こうした代々受け継がれてきた木の看板を大切に掲げている店がとても多くあります。

デザインを重視してあえて看板を出さず、入口の扉付近に個人宅の表札のように小さく店名を表記している店もありますが、出来れば店の象徴である看板はお客様の目に触れるところに、しっかり飾ることをオススメします。看板を程よい大きさで掲げているというのは、それだけ堂々と商売を行っている＝誠心誠意ある商売を心がけているというイメージにもつながります。また木の看板は看板自体に生命力があり生き生きとしたイメージを与えてくれます。出来ることなら木の看板を掲げることをオススメいたします。

また、のれんは昔から看板の変わりに信用や格を表すものとして、店のロゴや屋号が染められていました。そして、のれんに使用する布には麻で作られたものが多く、麻の特長は急成長、強いという意味があるのです。

実際に、のれんは外からの光が入り過ぎないように、店内にいるお客様に快適な採光環境を作り出す「おもてなし」の効果もあるのです。

■ロゴマーク（ロゴ）が明快で分かりやすく覚えやすい

皆様も名刺や会社案内、店の看板などいたるところにオリジナルのロゴマークを使われていると思いますが、そのロゴマークはどのようにして作られましたか？　ご自分でデザインされたり、デザイン会社と相談して作られたという方が大半だと思いますが、きっと会社のイメージ、店のイメージを反映させたデザインにされているのではないでしょうか？

もしロゴマークにも風水上理想的な形の定義があるとしたら、どういうものなのか気になりますよね。もちろんロゴマークを変えるだけで売上が格段と上がるということはありませんが、儲かっている会社や顧客に長く愛される会社のロゴマークには面白い共通点があります。

それは、「左右対称」「単純明快」「丸みがある」この三点が共通していることが多くあるのです。

風水ではロゴに限らず形あるものは、できる限り「左右対称」の形が良いとされています。

その理由は、全ての物事は陰と陽の相反する二つの調和から成り立っているという考え方からきていますが、身近な例としても人間の体の外見も中身もほぼ左右対称に作られているため、左右対称（シンメトリー）の形の物は見ていると落ち着く、馴染む、安心出来るという感覚になるのです。

複雑な形をしているロゴももちろん多くありますが、ロゴはとにかく「単純明快」にすっきりとした印象のものが老若男女問わず多くの人に好まれます。ロゴマークは本来、会社の象徴であるシンボル、国で言えば国旗のようなものです。

そのため、色合い形でその会社がどういう会社なのかが何となくイメージ出来るものが理想なのです。「赤と黄色のボーダーのTシャツを着ている人とすれ違った瞬間、何となくハンバーガーが食べたくなった」というように、脳内に刷り込まれるイメージというのは、単純であれば単純であるほど刷り込みやすいものです。

「丸みがある」ものは、先ほどのインテリアでもお話ししましたが、見る人に「ＹＥＳ」という肯定的な印象を与えます。

それと同時に、丸みは角が無くなることで文字の印象も柔らかさが出て攻撃的ではなく、調和的、友好的なイメージになります。丸は五行のように循環していく形なのです。

このような共通点を持ったロゴマークの企業例は次の通りです。

【左右対称（シンメトリー）・ほぼ左右対称】
- マクドナルド
- デルモンテ
- アウディ
- アディダス
- ヤクルト
- ホンダ
- マツダ
- トヨタ

【丸みがある（丸で囲まれている・丸を主に使っている）】
- ダイエー
- 高島屋
- 三越
- 伊勢丹
- ドコモ

・ＥＳＳＯ
・クロネコヤマト
・モスバーガー
【左右対称＋丸み・ほぼ左右対称＋丸み】
・ＢＭＷ
・日産
・スターバックスコーヒー

会社のイメージを年齢性別問わず多くの人に分かりやすく伝えるには、どのようなマークが良いかを考えてロゴを作って見てください。

単純明快で覚えやすいロゴマークは、親しみやすく自然と脳内に刷り込まれるため、それだけでも広告戦略としては効果の高い広告になるのではないでしょうか。

いかかでしたでしょうか。

ご自分のお店・会社で実践されている風水はありましたか？

これまでに挙げた「行列が出来る店の風水的特長」はあくまで一例にしか過ぎませんので、

店の扱う内容によって自然のエネルギーの活用方法はまだまだたくさんあります。大切なことは、自然の流れに逆らわずに上手にエネルギーを取り入れることです。

さて、次はオフィス環境の風水の取り入れ方をお話ししていきましょう。

社長室の作りで会社の売上が変わる?!

皆様の会社には、社長室は設けられていますか?

社長室とまでいかなくても社長の座る席としてふさわしい、社員とは少し別格の作りの椅子や机、スペースは確保されていますか?

ここ最近、社員との垣根をなるべく低くし同じ目線で付き合うために、環境も社員と同じようにするという考え方を持った若い経営者の方が増えてこられたように感じます。

しかし、その考え方と行動が思わぬ弊害を生んでしまい、ご相談に来られるケースもあるのです。

結論から言いますと、社員と同じ目線で付き合うという考え方はとても素晴しいことです。第三章でも、気甲斐性のある経営者ほど心の上下関係を取り外せる人だとお話しました。しかしながら、全てにおいて社員と同等の立場という姿勢を見せることは、残念ながら社員に対しての接し方としては逆効果なのです。

あくまで心の上下関係を取り外すために、社員の相談にのったり、人格を尊重し立てることは必要です。でも、心の上下関係をなくしたからと言って、同じ環境下で社員と共に歩んでいっては、社員は混乱をしてしまいます。

つまり、社員と社長ではフィールドは同じであっても役割が違うのです。役割が違うということは、もちろん風水のエネルギーの取り入れ方も違います。

若い社員が前向きに自発的に動き、外で活躍するために必要なエネルギーは五行でいう木から火のエネルギーです。社長は反対に、冷静沈着に必要な決断を下して進めていく特性のある金から水のエネルギーが必要になります。

企業の倒産理由も外的な要因だけでなく、内部の組織崩れ、意思疎通の不足という理由で倒産してしまうケースは少なくありません。

そう言った意味でも、企業内において社長の威厳というものがなければ、社員は支えとなる柱を失った状態で歩まなくてはならないのです。

何より社員から尊敬され信頼される社長であること、また社員の働きを尊重することが、社内が一丸となって企業が活性化する材料となるのです。

そのためにも形作りは大切です。そして、社員と社長とそれぞれの役割で必要なエネルギーを上手に風水で取り入れるように心がけてください。

社員のやる気を生み出すオフィスレイアウト

さて、先ほどの社長室の作りで会社の売り上げが変わってしまう話の続きで、次は社員のやる気が今一つで、どうかにして社員のやる気を引き出したいと考えている経営者の方に、社員が自発的に動ける環境作りを考えたオフィスレイアウトの一例をご紹介しましょう。

まずは、その前に社員が自発的に動かないのが何故なのかという根本的な話からいたしましょう。

心理学者アブラハム・マズローの欲求段階理論はご存知でしょうか?

人の欲求は、左記の五段階から成り立ち、一番下の生理的欲求から始まり、一つの欲求が満たされると上の欲求へ上がっていくというものです。

まずは、食べる寝るといった動物の本能として備わっている欲求（生理的欲求）が満たされ

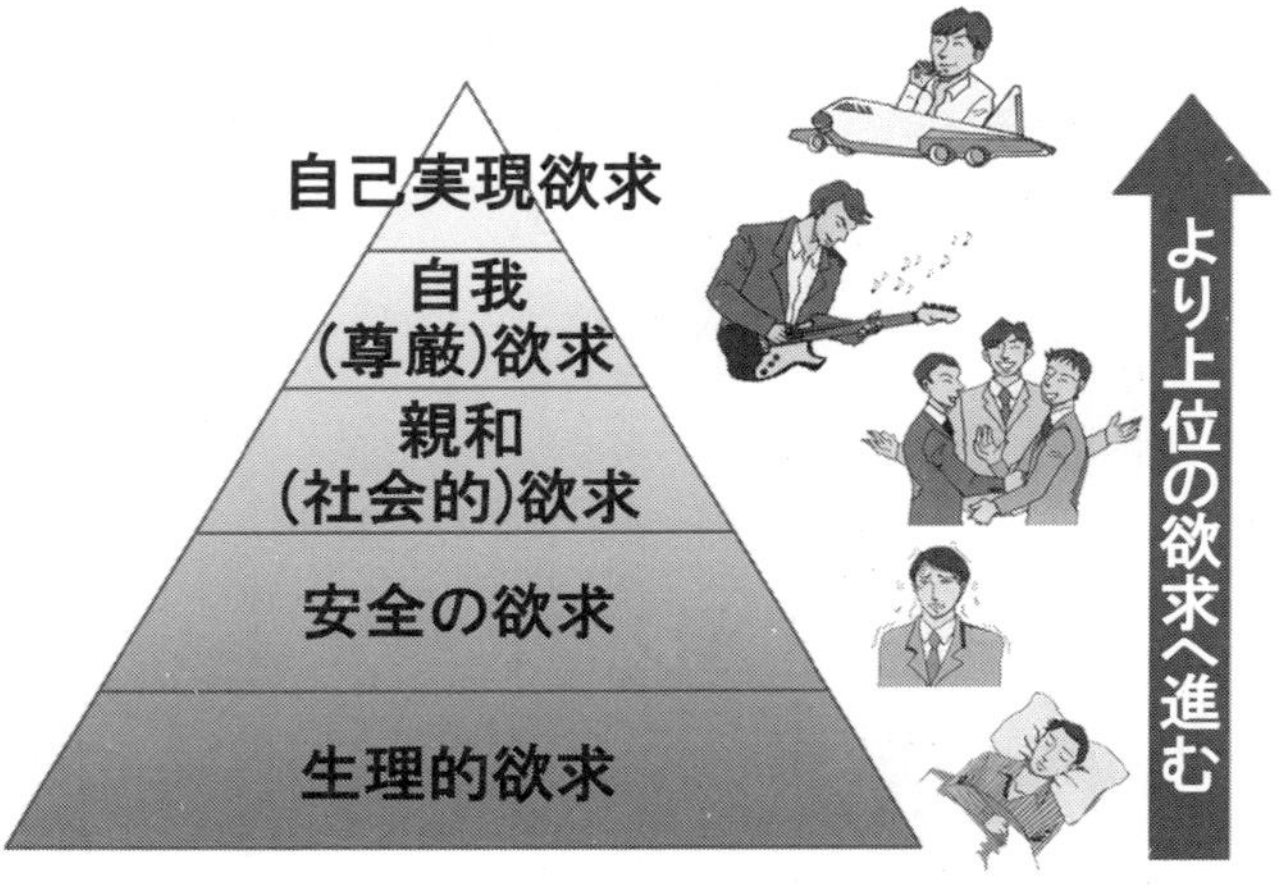

ると、常に安心して生活が出来る家であったり、地域、安定した給料が得られる会社に所属する欲求(安全の欲求)に移ります。

それが実現すると、次に人は一人では生きていけませんので、誰か他人との関わり出会いを求めます(親和欲求)。

気が合う仲間が出来ると次に、仲間から認められたい、尊敬されたい、会社で言えば上司からの評価が欲しいと願います(自我欲求)。

そして最後に、自分の社会的使命とは何か? 自分は何のために生まれてきたのか? という疑問に答えるため、自分の夢を叶えたいと願うのです(自己実現欲求)。

この欲求段階理論は、どの地域でもいつの時代でも老若男女問わず誰もが欲求として持つものなのです。

それでは、さきほどの「社員のやる気が今一つ」という状態はどの欲求が満たされていないのか？　というと、大抵の場合「親和欲求」もしくは「自我欲求」のあたりで、不満に思うことが往々にしてあります。

「生理的欲求」と「安全の欲求」は会社勤めの平均的なサラリーマンであれば、ほぼ満たされています。

その後の「親和欲求」で、相談が出来る仲間がいない、会社内でいじめにあっている、気が合わない上司がいる等の人間関係で悩みを抱え、普段の業務でも人に頼みごとが出来ない、上司に質問を聞きづらいという形で仕事の効率に問題が生じ、次第にやる気が損なわれていくのです。

また、「親和欲求」が満たされても、次の「自我欲求」で上司から正当な評価をもらえないという不満が出ると、やはりやる気は損なわれてしまいます。

そこで、風水はこうした人の欲求に応じた環境を整え、個人の心を高めていく手法がいくつもあります。

次のレイアウト図はあくまで一例であり、各企業が問題としている要因によってもレイアウトの対処法は異なりますので、ご参考までに取り入れられるところだけでもお試し下さい。

各方位のエネルギーを取り入れたオフィスレイアウト

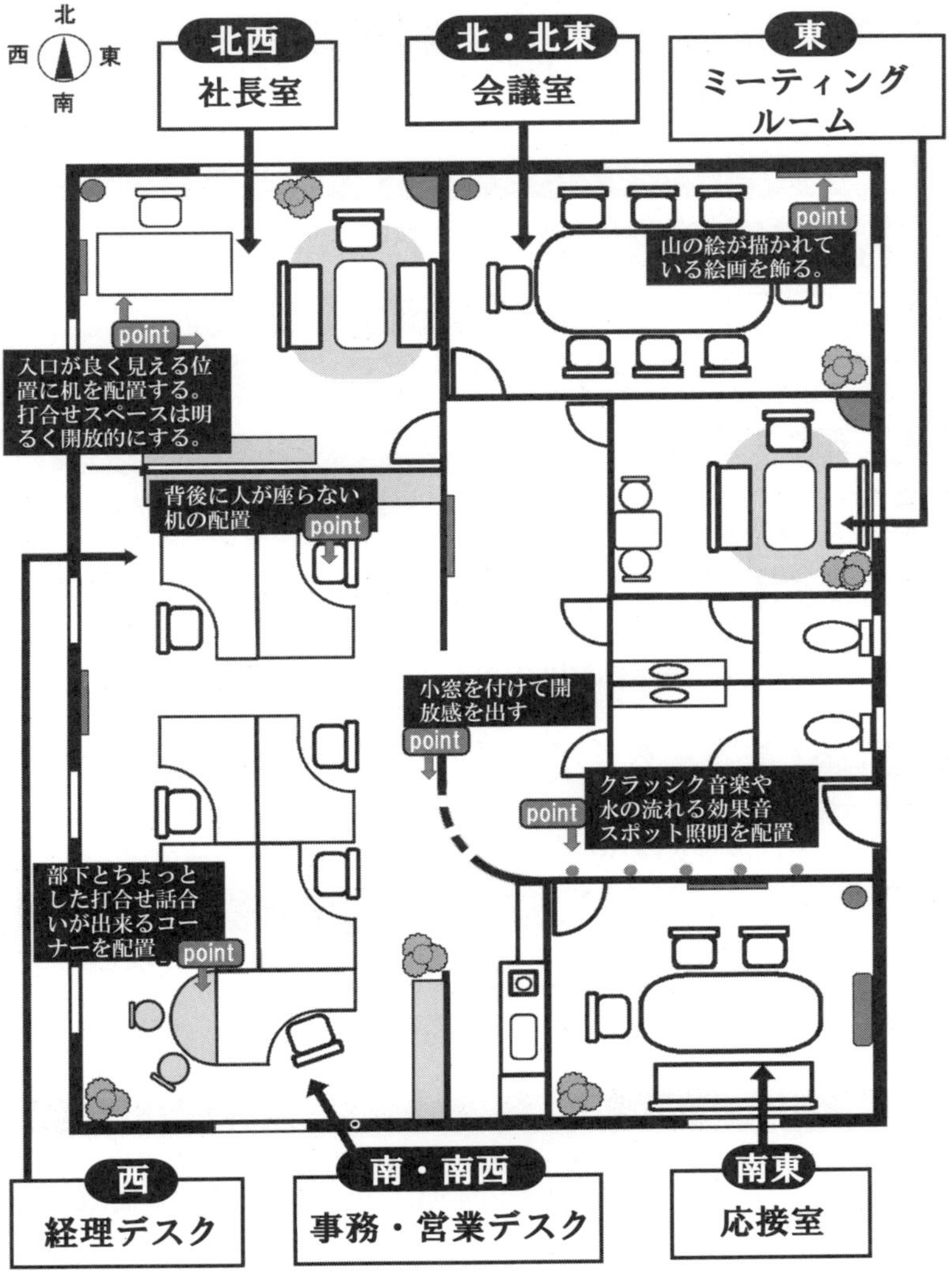

各方位のエネルギーの特長と活用方法

北・・・研究・開発部門・会議室向き

頭が冴え、研究・開発に集中できる。
いろいろなアイデアを生みだす。五行別で水の業種の営業も発展する方角。

北東・・・コンプライアンス・法務・不動産関連部門向き

会社の基礎となる土台や観念を確固たるものにし、どんな状況でも切り抜ける力が付く方角。

東・・・新規開発・営業・マーケティング・宣伝広報・ミーティングルーム向き

一からスタートすることや、これから展開発展させていくことなどに対してやる気が出る。若い社員の力を伸ばす方角。

南東・・・営業部門・応接室向き

営業の士気が上がり、よく動き、活気を生む。また反対に外部からの動きもやって来て商談も多くなり取引成立も増加。社内外共に活発になる方角。

南・・・経営企画・管理部門向き

情報を掴み、それを事業に転換できる。
社長の意思をよりスムーズに確実に社員へ浸透できる。社内の重要な要となる方角。

南西・・・総務・人事・労務・福利厚生部門向き

会社内部の業務の充実をアップさせる。縁の下の力持ちとなる事務職・総務職のエネルギーが増す、あるいは女性の力が発揮できる方角。

西・・・財務・経理部門向き

財務・経理だけが孤立せず、営業、企画、技術、経営との意思疎通がスムーズになる。お金の流れを途中で滞らせないために共有意識力がアップできる方角。営業の収益力アップや、それを生む技術力もアップする良い循環が生まれる方角。

北西・・・社長室・役員室向き

正しい判断、どんな景気にも対応できる冷静な経営力が付く。

社運がアップし、また経営が継続し社内外共に信用が増し徐々に発展拡大していく方角。

また、私が以前ご相談をお受けした企業様のオフィスレイアウトの例を二つご紹介しましょう。

どちらも、部屋の配置換えを行っただけで問題の解決ができ、また目的を達成できました。

事例① 小売業

ご相談内容

全体的に社員の動きが鈍く何事も行動が遅い。
社長が見るに見かねて動いた後、それに伴ってやっと動くが、いまひとつ活気がない。
その割りにムダ口が多く社長から見るとやる気がないように見える。

目的 営業力UPと社長の指導力UP

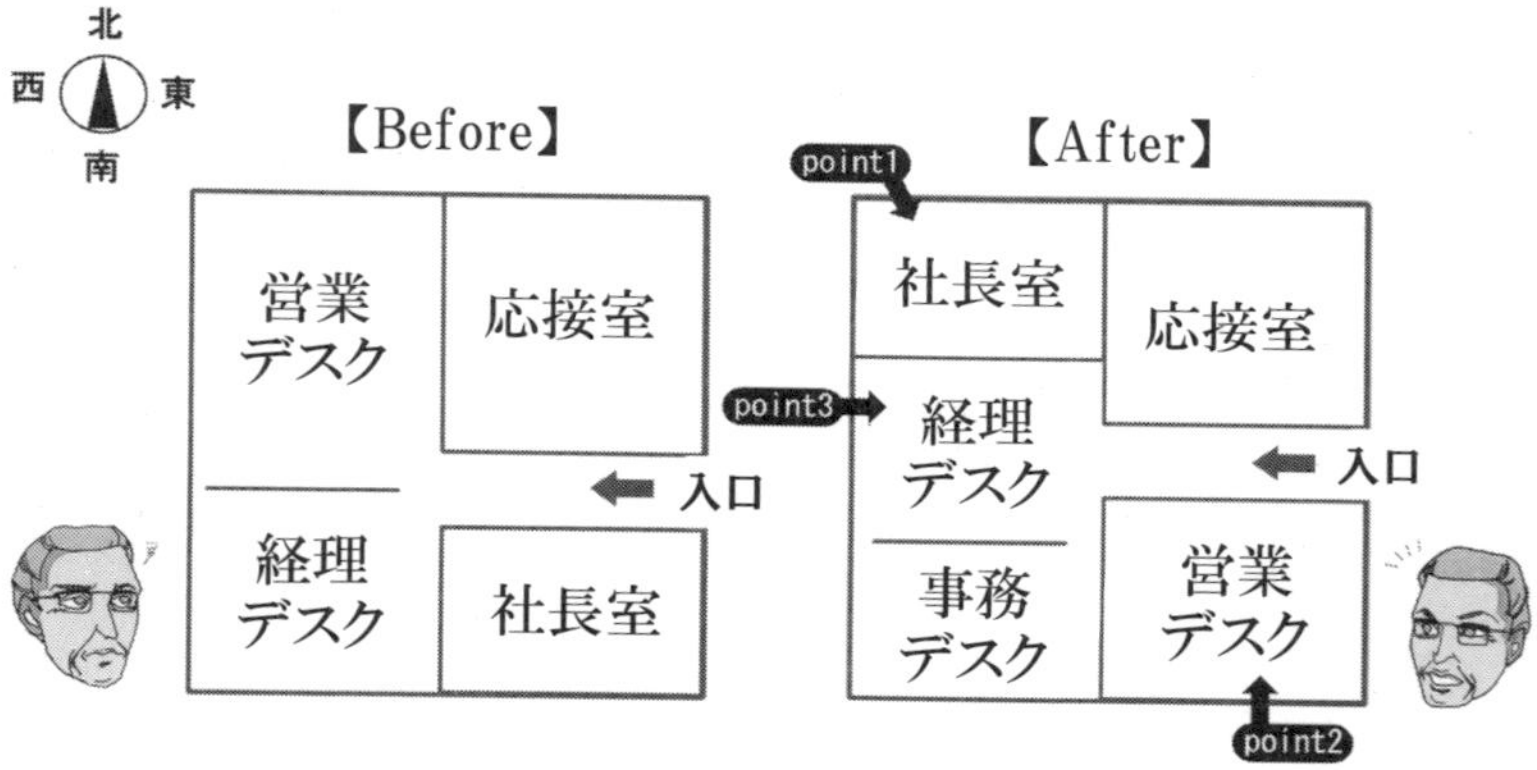

レイアウトのポイント

point1 社長が行動力がある人ほど、社長室を落ち着いてクリエイティブな発想が出来る北側（冷静に頭を冷やして物事を考えられる方角）の空間を確保して下さい。

point2 営業デスクに活気を取り戻すには入口付近に配置し、外からの運氣を多く取り入れて下さい。また東南から南は人を集める、人に元気（やる気・情熱）を与えてくれる方角です。

point3 五行の「木・火・土・金・水」の「金」の方角が西であるため、金にエネルギーを与えてくれる方角として金を扱う部署には西向きが最適です。

事例② 工務店

ご相談内容

新規事業のプラン、新商品のアイデアが構築出来ず
つい既存のプランで施工してしまう。

目的 プラン力UPと商品力UP

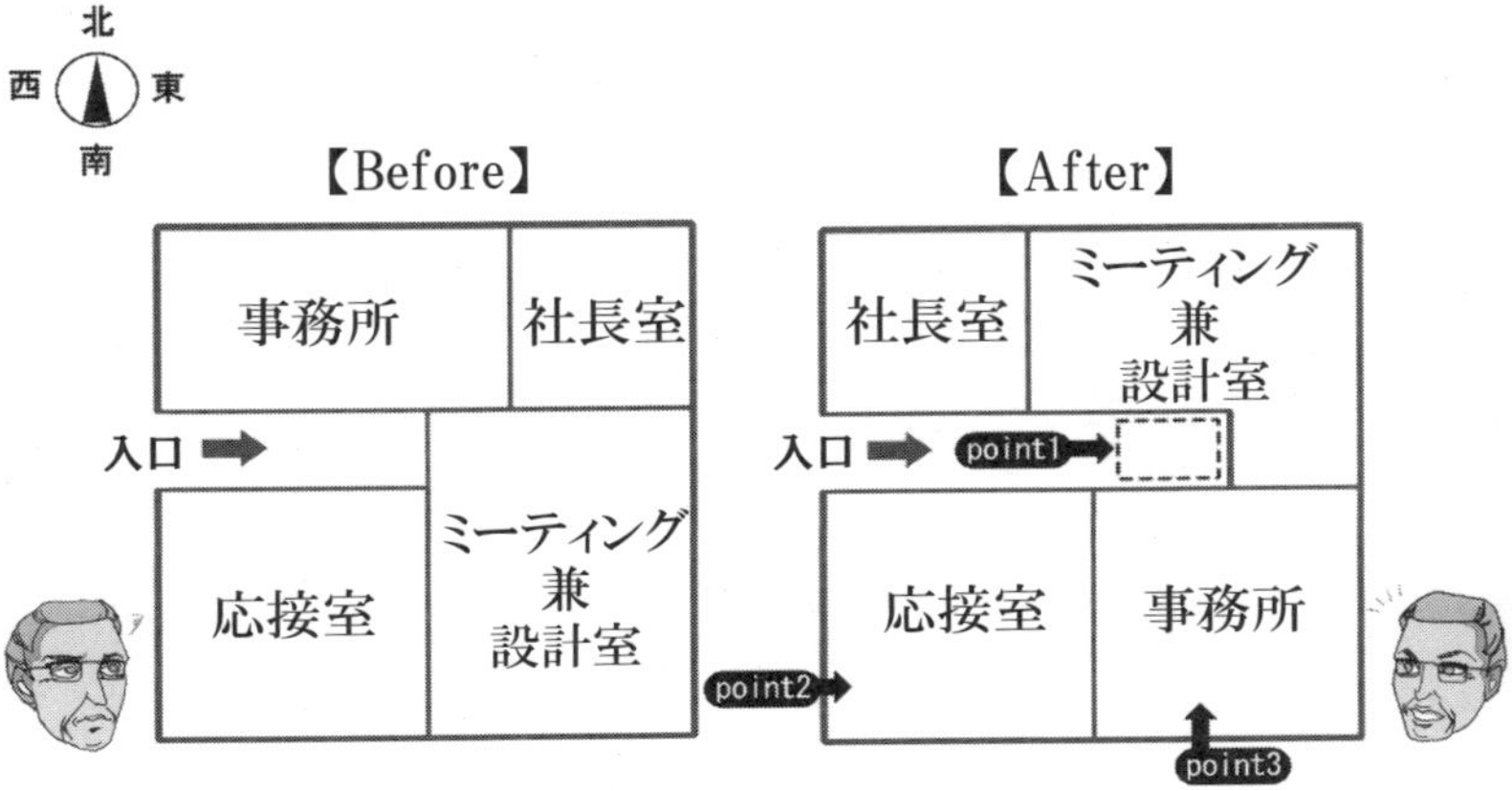

レイアウトのポイント

point1 西の入口は、西側の「金」のエネルギーが入ってくる場所なので、各部屋に西のエネルギーを行き届かせるために、廊下を長くとると、社内全体のお金の流通を良くする効果があります。

point2 南向きの応接室は、来訪したお客様に前向きな気持ちを持たせる効果があります。
明るい開放的な気持ちになることから、互いに情熱的な対話（交渉）が出来ます。

point3 東南は五行の「土」の方角で、土は全ての基礎・バランスをとる性質を持っています。
社内の基礎となる事務所を東南に配置すると会社の基盤にエネルギーを与えます。

そして、オフィスのレイアウトで配置やインテリアに気を使うのと同じくらい重要なのが色使いです。

日本の企業のオフィスは、画一的で無機質なインテリアや色使いを導入しているケースが多く見受けられますが、本来私たち人類が生活している自然は実に様々な色を持っています。花も木々も水も土も動物も進化と共に様々な色を生み出してきたのです。

動物が色を感じる仕組みにはとても不思議で面白い謎があります。

そもそも色とは光の反射によって、その色が赤や黄色や青と視覚で認識しているのですが、この光は波長でそれぞれ固有の振動をもっていて、私たちの皮膚には、その振動を感知する能力があるのです。

ある実験で、赤い部屋と青い部屋の二つの部屋を用意し、どちらの部屋にも目隠しをして入った後、それぞれの部屋の感想を聞いてみると赤い部屋に入った時の体感温度は温かく感じられ、青い部屋に入ったときの体感温度は冷たく感じられたという実験結果が出たのです。

視覚で色を見なくても、目に見えない波長が皮膚から伝わり、温かい冷たいという認識を持たせたのです。

このように色の持つ力は、無意識レベルで私たちに影響を与えています。一日平均して八時間くらい居るオフィスの色使いというのはとても重要であることが分かりますよね。灰色系統の無機質な色使いのオフィスの中ではクリエイティブな発想や、元気やる気などの情熱が自然と湧いてくるのは難しいでしょう。

また五行の「木・火・土・金・水」にもそれぞれ色があり、木は青、火は赤、土は黄、金は白、水は黒と、赤・青・黄色の三原色と明度を表す黒と白の二色が足された色なのです。この五色も会社の業種に併せて用いることで五行のそれぞれの特性のエネルギーを得ることが出来ますので、会社のロゴマークや商品パッケージ、包装紙、パンフレットなどに是非活用してみて下さい。

企業にとって最も大切なことは継続です。継続に適した色はアースカラーと言われる茶色系統の色合いです。五行の土の色でも表される黄色は全ての土台基礎となる色なので、控えめな色でインパクトはありませんが、ベージュを会社のロゴなどのベースに使用することもオススメします。

五感を刺激するセールスマーケティング

いよいよ五感セールスマーケティングも架橋に差し掛かってまいりました。

本書でたびたび登場する、この「五感」というキーワードはもう皆様も耳（目？）にタコが出来てしまっているかもしれませんが、あえて最後にもう一つだけ聴覚から吸収される情報の驚くべきセールス効果についてお話ししていきましょう。

私たちの五感にいつの間にか響いて頭から離れない、むしろいつの間にか五感に響いて脳内に刷り込まれたキャッチフレーズが元で購買へと結びついているケースは多々あります。

五感の中でも、記憶に結びつきやすい感覚は聴覚と視覚です。

特に、聴覚は音（リズム）を介して右脳の長期記憶回路へ伝達されます。四章で触れた手続き記憶と一緒ですね。

人間の右脳は、本能的能力が発達した脳で見たまま、聞いたまま、感じたまま、いわゆる理論的に思考する能力ではなく、むしろ「ひらめき」という感じで、イメージとして瞬時に脳内へ記憶したり、情報を取り込む無意識脳（潜在意識脳）なのです。

よく記憶力がずば抜けている人や、書籍の速読が出来る人、絶対音感を持っている人などの脳の働かせ方は、右脳を主に使っていると言われています。

でも、右脳を使うことは特別なことでなく、誰でも無意識に使っているものなのです。だからこそ、無意識レベルで瞬時に大量に記憶されている情報の中で、何かのきっかけ（トリガー）で思い出してもらえるキャッチフレーズは五感に訴えるセールスマーケティングとしてはとても重要です。

皆様の会社のキャッチフレーズはどのようなものですか？

今回は、テレビＣＭで起用されていたキャッチフレーズを古いものから新しいものまで、業種を問わず載せてみました。

中には無意識のうちに自然と皆様の頭の中に入っているものもあるでしょう。そのキャッチフレーズを街で見かけたり、広告や日常の会話などで見たり聞いたりすることによって、思わぬときに思わぬ場所で脳裏に蘇るものです。

自社の業種やサービス内容と比較しながら、五感に響くキャッチフレーズはどういうものなのか是非考えてみてください。

【五感に響くキャッチフレーズ集】

- きれいなお姉さんは好きですか（ナショナル美容用品）
- 元カレの元カノを知っていますか？（ＨＩＶ予防キャンペーン）
- 私、脱いでもすごいんです（ＴＢＣ）
- すべては、お客さまの「うまい！」のために。（アサヒビール）
- よーく考えよー。お金は大事だよー。（アフラック）
- 一〇〇人乗っても大丈夫！（イナバ物置）
- インテルはいってる（インテル）
- やめられない止まらない、カルビーかっぱえびせん。（カルビー）
- う〜ん、不味い！もう一杯！（キューサイの青汁）
- キンチョーの夏、日本の夏。（キンチョウ）
- 無論、オムロン（オムロン）
- ココロも満タンに　コスモ石油（コスモ石油）
- 目のつけ所がシャープでしょ（シャープ）
- セブンイレブン、いい気分（セブン‐イレブン）

- 疲れた自分を、ほめてあげたい。（武田製薬工業・アリナミンA二五）
- NO MUSIC, NO LIFE.（タワーレコード）
- バファリンの半分は優しさで出来ています。（バファリン）
- お金で買えない価値がある。買える物はカードで。（マスターカード）
- マチの「ほっ」とステーション（ローソン）
- ありがとう。いい〜くすりです。（太田胃酸）
- 地図に残る仕事（大成建設）
- ¥en Shop の武富士です。（武富士）
- カラダにピース（カルピス）
- 恋をしたので、ウィルコムに入った。（ウィルコム定額プラン）
- 来て見て触って、富士通のお店（富士通）
- NO BORDER（日清カップヌードル）
- 街をつなぐ、心をむすぶ（京阪電鉄）
- Wii のある新しい生活。（任天堂・Wii）
- 自然は大きなホスピタル（協和発酵工業株式会社）

●実践！　自分の特性と運氣の季節を見極める占見力鑑定

自然界の四季と同様に、一人ひとりの運氣にも四季があることを第1章でお伝えしました。

運氣は上昇期＝良い、下降期＝悪いではなく、それぞれの季節ごとに応じた過ごし方をすれば季節ハズレな経営をおこなうことなく、秋には収穫（利益）を得ることが出来ます。

それでは、お待たせしました。

皆さんの平成21年以降の運氣の季節と過ごし方について、次の頁でご紹介いたしましょう。

まずは、早見表を使って、ご自分の「木・火・土・金・水」の特性をご確認下さい。

五行それぞれが陰と陽に分かれていますので、全部で10種類の特性があります。

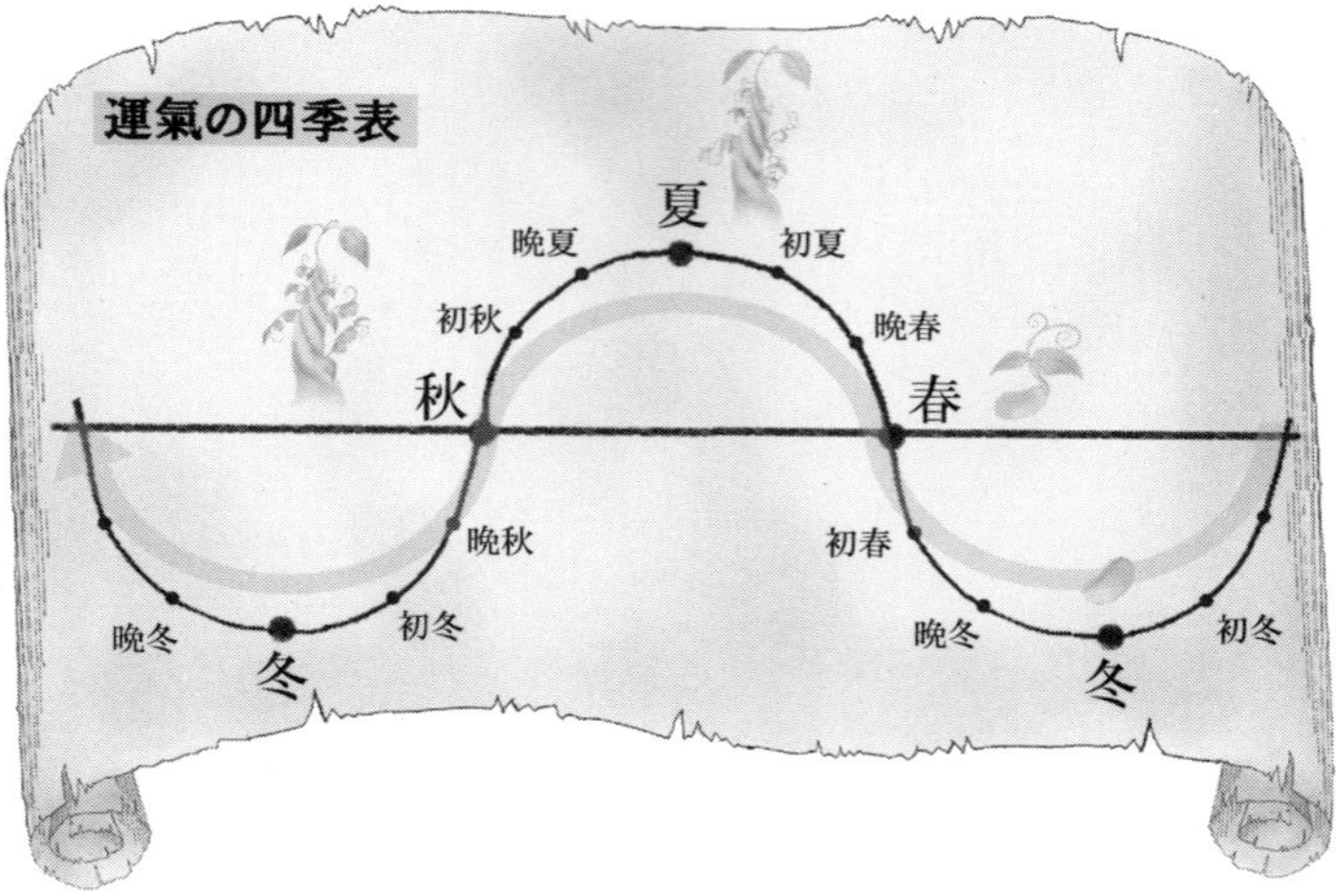

占見力早見表の読み方と鑑定方法

step1

次のページから記載されている早見表の中から、ご自分の生年月日の生まれ年と生まれ月の交差する数字を確認して下さい。

例）昭和14年2月10日生まれの方の五行の特性は

	18	17	16	15	昭和14年	生年／月日
	55	50	45	39	34	1月
	26	21	16	10	5	2月

step2

早見表で確認した数字に、ご自分の生まれた日を足して下さい。
足した数字の一桁目の数字が下記表Aのいずれかの数字に該当します。
該当した数字の右隣に書かれている特性が貴方の五行の特性です。

例）昭和14年2月10日生まれの方の五行の特性は
昭和14年の2月の数字は「5」となっているので、この5の数字に生まれ日の10を足します。
5＋10＝15
15の一桁目の数字は「5」なので、下記の表の「5」に書かれている土（陽）が五行の特性です。

表A

1	木(陽)	6	土(陰)
2	木(陰)	7	金(陽)
3	火(陽)	8	金(陰)
4	火(陰)	9	水(陽)
5	土(陽)	0	水(陰)

7	6	5	4	3	2	大正元年	44	43	42	41	40	39	38	37	36	35	34	33	明治32年	年/月
44	39	33	28	23	18	12	7	2	57	51	46	41	36	30	25	20	15	10	5	1月
15	10	4	59	54	49	43	38	33	28	22	17	12	7	1	56	51	46	41	36	2月
43	38	33	27	22	17	12	6	1	56	51	45	40	35	30	24	19	14	9	4	3月
14	9	4	58	53	48	43	37	32	27	22	16	11	6	1	55	50	45	40	35	4月
44	39	34	28	23	18	13	7	2	57	52	46	41	36	31	25	20	15	10	5	5月
15	10	5	59	54	49	44	38	33	28	23	17	12	7	2	56	51	46	41	36	6月
45	40	35	29	24	19	14	8	3	58	53	47	42	37	32	26	21	16	11	6	7月
16	11	6	0	55	50	45	39	34	29	24	18	13	8	3	57	52	47	42	37	8月
47	42	37	31	26	21	16	10	5	0	55	49	44	39	34	28	23	18	13	8	9月
17	12	7	1	56	51	46	40	35	30	25	19	14	9	4	58	53	48	43	38	10月
48	43	38	32	27	22	17	11	6	1	56	50	45	40	35	29	24	19	14	9	11月
18	13	8	2	57	52	47	41	36	31	26	20	15	10	5	59	54	49	44	39	12月

年／月	13	12	11	10	9	8	7	6	5	4	3	昭和2年	15	14	13	12	11	10	9	8
1月	29	24	18	13	8	3	57	52	47	42	36	31	26	21	15	10	5	0	54	49
2月	0	55	49	44	39	34	28	23	18	13	7	2	57	52	46	41	36	31	25	20
3月	28	23	18	12	7	2	57	51	46	41	36	30	25	20	15	9	4	59	54	48
4月	59	54	49	43	38	33	28	22	17	12	7	1	56	51	46	40	35	30	25	19
5月	29	24	19	13	8	3	58	52	47	42	37	31	26	21	16	10	5	0	55	49
6月	0	55	50	44	39	34	29	23	18	13	8	2	57	52	47	41	36	31	26	20
7月	30	25	20	14	9	4	59	53	48	43	38	32	27	22	17	11	6	1	56	50
8月	1	56	51	45	40	35	30	24	19	14	9	3	58	53	48	42	37	32	27	21
9月	32	27	22	16	11	6	1	55	50	45	40	34	29	24	19	13	8	3	58	52
10月	2	57	52	46	41	36	31	25	20	15	10	4	59	54	49	43	38	33	28	22
11月	33	28	23	17	12	7	2	56	51	46	41	35	30	25	20	14	9	4	59	53
12月	3	58	53	47	42	37	32	26	21	16	11	5	0	55	50	44	39	34	29	23

月＼年	昭和14年	15	16	17	18	19	20	21	22	23	24	25	26	27	28	29	30	31	32	33
1月	34	39	45	50	55	0	6	11	16	21	27	32	37	42	48	53	58	3	9	14
2月	5	10	16	21	26	31	37	42	47	52	58	3	8	13	19	24	29	34	40	45
3月	33	39	44	49	54	0	5	10	15	21	26	31	36	42	47	52	57	3	8	13
4月	4	10	15	20	25	31	36	41	46	52	57	2	7	13	18	23	28	34	39	44
5月	34	40	45	50	55	1	6	11	16	22	27	32	37	43	48	53	58	4	9	14
6月	5	11	16	21	26	32	37	42	47	53	58	3	8	14	19	24	29	35	40	45
7月	35	41	46	51	56	2	7	12	17	23	28	33	38	44	49	54	59	5	10	15
8月	6	12	17	22	27	33	38	43	48	54	59	4	9	15	20	25	30	36	41	46
9月	37	43	48	53	58	4	9	14	19	25	30	35	40	46	51	56	1	7	12	17
10月	7	13	18	23	28	34	39	44	49	55	0	5	10	16	21	26	31	37	42	47
11月	38	44	49	54	59	5	10	15	20	26	31	36	41	47	52	57	2	8	13	18
12月	8	14	19	24	29	35	40	45	50	56	1	6	11	17	22	27	32	38	43	48

年／月	53	52	51	50	49	48	47	46	45	44	43	42	41	40	39	38	37	36	35	34
1月	59	54	48	43	38	33	27	22	17	12	6	1	56	51	45	40	35	30	24	19
2月	30	25	19	14	9	4	58	53	48	43	37	32	27	22	16	11	6	1	55	50
3月	58	53	48	42	37	32	27	21	16	11	6	0	55	50	45	39	34	29	24	18
4月	29	24	19	13	8	3	58	52	47	42	37	31	26	21	16	10	5	0	55	49
5月	59	54	49	43	38	33	28	22	17	12	7	1	56	51	46	40	35	30	25	19
6月	30	25	20	14	9	4	59	53	48	43	38	32	27	22	17	11	6	1	56	50
7月	0	55	50	44	39	34	29	23	18	13	8	2	57	52	47	41	36	31	26	20
8月	31	26	21	15	10	5	0	54	49	44	39	33	28	23	18	12	7	2	57	51
9月	2	57	52	46	41	36	31	25	20	15	10	4	59	54	49	43	38	33	28	22
10月	32	27	22	16	11	6	1	55	50	45	40	34	29	24	19	13	8	3	58	52
11月	3	58	53	47	42	37	32	26	21	16	11	5	0	55	50	44	39	34	29	23
12月	33	28	23	17	12	7	2	56	51	46	41	35	30	25	20	14	9	4	59	53

10	9	8	7	6	5	4	3	2	平成1年	63	62	61	60	59	58	57	56	55	昭和54年	年/月
44	39	34	28	23	18	13	7	2	57	51	46	41	36	30	25	20	15	9	4	1月
15	10	5	59	54	49	44	38	33	28	22	17	12	7	1	56	51	46	40	35	2月
43	38	33	28	22	17	12	7	1	56	51	45	40	35	30	24	19	14	9	3	3月
14	9	4	59	53	48	43	38	32	27	22	16	11	6	1	55	50	45	40	34	4月
44	39	34	29	23	18	13	8	2	57	52	46	41	36	31	25	20	15	10	4	5月
15	10	5	0	54	49	44	39	33	28	23	17	12	7	2	56	51	46	41	35	6月
45	40	35	30	24	19	14	9	3	58	53	47	42	37	32	26	21	16	11	5	7月
16	11	6	1	55	50	45	40	34	29	24	18	13	8	3	57	52	47	42	36	8月
47	42	37	32	26	21	16	11	5	0	55	49	44	39	34	28	23	18	13	7	9月
17	12	7	2	56	51	46	41	35	30	25	19	14	9	4	58	53	48	43	37	10月
48	43	38	33	27	22	17	12	6	1	56	50	45	40	35	29	24	19	14	8	11月
18	13	8	3	57	52	47	42	36	31	26	20	15	10	5	59	54	49	44	38	12月

年／月	30	29	28	27	26	25	24	23	22	21	20	19	18	17	16	15	14	13	12	11
1月	29	24	19	13	8	3	58	52	47	42	37	31	26	21	16	10	5	0	55	49
2月	0	55	50	44	39	34	29	23	18	13	8	2	57	52	47	41	36	31	26	20
3月	28	23	18	13	7	2	57	52	46	41	36	31	25	20	15	10	4	59	54	49
4月	59	54	49	44	38	33	28	23	17	12	7	2	56	51	46	41	35	30	25	20
5月	29	24	19	14	8	3	58	53	47	42	37	32	26	21	16	11	5	0	55	50
6月	0	55	50	45	39	34	29	24	18	13	8	3	57	52	47	42	36	31	26	21
7月	30	25	20	15	9	4	59	54	48	43	38	33	27	22	17	12	6	1	56	51
8月	1	56	51	46	40	35	30	25	19	14	9	4	58	53	48	43	37	32	27	22
9月	32	27	22	17	11	6	1	56	50	45	40	35	29	24	19	14	8	3	58	53
10月	2	57	52	47	41	36	31	26	20	15	10	5	59	54	49	44	38	33	28	23
11月	33	28	23	18	12	7	2	57	51	46	41	36	30	25	20	15	9	4	59	54
12月	3	58	53	48	42	37	32	27	21	16	11	6	0	55	50	45	39	34	29	24

木(陽)

樹木･･･太陽（目標）があると、枝を上へ上へと伸ばす成長力がある。

キーワード

人との関わり、成長進化

五行の特性における適職・業種

電力、情報通信、電線、エレクトロニクス、半導体、商業、空運、繊維、製紙、パルプ、ゴム、林業、農業

平成21年以降の運氣の季節と過ごし方

季節･･･初秋　　器の大きさ･･･大

目に見える結果が現れます。

努力し頑張ってきたことに対しての数字や収入など、多くは望めなくとも、それなりの納得いく結果が出る嬉しい季節です。

一方、手抜きや不正をしてきたことに対しては、素直に表出てきます。厳しい結果が出たとしても、しっかり受け入れなくてはなりません。

今までやってきたことに見合った結果、つまり冬の時期に植えた種がまさに実る時期なのです。これまでの季節の中で度重なる問題にも立ち向かい秋の収穫を時期を迎えられたのですから、先ずは皆さんで喜びを分かち合って下さい。

しかしながら、結果が出たことについ安堵し「これで良し」という気持ちになりがちですが、結果に満足するだけでなく、その嬉しさや喜びのエネルギーを逆にやる気に転換し、今だからこそより一層力を入れて頑張りましょう。

堅実な努力と継続が運氣の貯蓄につながります。

この時期は器が大きくなっているので、普段の自分が出している力以上に様々な物事に挑戦できる時期です。結果に胡坐をかかず、より一層様々な物事に挑戦してみましょう。

また今年は不動産の季節なので設備投資や新しいシステムを導入したり、以前から計画を立てていた案件を始動するのにとても良いタイミングです。

何事もプラス思考が功を奏します。そして何より得られた結果に感謝の気持ちを忘れないことです。結果は経営者一人の力ではありません。従業員、家族、取引先、縁のある方々全ての人のお蔭です。また目には見えなくても自然に感謝の気持ちを持つことを忘れないようにしましょう。結果を結果として終わらせずに、次に繋いでいく気持ちを持つことで、運氣の流れがスムーズに良い循環を生みます。

木(陽)の特性を持った経営者

青木定雄	MKタクシー	鹿内春雄	フジサンケイグループ
青木寶久	AOKIホールディングス	武井保雄	武富士
浅野総一郎	安田財閥	田宮義雄	田宮模型
荒川 亨	ACCESS	中邨秀雄	吉本興業
生田正治	日本郵政公社	浜口大輔	NTTデータ
池田弘一	アサヒビール	樋口廣太郎	アサヒビール
石橋博良	ウェザーニューズ	松本清	マツモトキヨシ
岩谷直治	岩谷産業	三木谷浩史	楽天
氏家純一	野村證券	村上光一	フジテレビジョン
大北春男	アデランス	森泰吉郎	森ビル
大塚正士	大塚製薬	八尋俊邦	三井物産
岡崎嘉平太	全日空運輸	吉田忠裕	YKK
荻田伍	アサヒビール	吉野伊佐男	吉本興業
奥田碩	トヨタ自動車	カルロス・ゴーン	日産自動車/ルノー
落合正美	インデックス	ジョージ・ソロス	投資家
角川源義	角川書店	リチャード・ブランソン	ヴァージングループ
木下盛好	アコム		
後藤卓也	花王		
小山五郎	三井銀行		
佐々木かをり	イー・ウーマン		

木(陰)

樹木･･･太陽（目標）があると、枝を上へ上へと伸ばす成長力がある。

キーワード

人との関わり、成長進化

五行の特性における適職・業種

電力、情報通信、電線、エレクトロニクス、半導体、商業、空運、繊維、製紙、パルプ、ゴム、林業、農業

平成21年以降の運氣の季節と過ごし方

季節･･･春　　器の大きさ･･･小

これまでと違い、今年は動きが活発になってきます。

外部からの動きも、内部からの動きも活発になる時期です。

自ずと心身ともに前向きになって動きやすくなります。しかしながら、ここで調子に乗って大きな変革をおこなったり、自分の下にやってきた甘い商談に簡単乗ってしまわないように気をつけましょう。

今はまだ運氣の器が小さいので、様々な物事に挑戦する時期ではありません。地道に繰り返し小さな努力を積み重ねていくようにしましょう。

季節でいうところの春になりました。まさにこれから芽を出し枝や葉を伸ばしていく時期です。無理をすれば風によってせっかく出た芽が倒されたり、雨で流されたりしかねません。

木として成長するには日々少しずつ太陽（目標）を目指し枝を上へ伸ばし、しっかり根を大地に張っていきましょう。どんな経験も力となる青年期（成長期）です。

経営者自身が先陣を切って、次の目標（花を咲かす）のため前向きな気持ちを持って行動しましょう。それを見て同じように周りの人間も成長します。

同じ土壌で同じ結果（実）を目指すためには団結力が必要です。

この時期にチームワークが高まるように、必ず年頭には皆で目標を確認し合って下さい。そしていつも部下に目を行き届かせて一人ひとりのフォローをし、決して脱落する者がないよう助け合うようにしましょう。

今年中に良い流れを作れば、あとは太陽（目標）に向かってまっすぐに正しく育っていきます。経営者の腕の見せどころです。焦らず、迷ったら立ち止まって外部の人間、利害関係のない第三者のアドバイスを請うことで良いチャンスがめぐってきます。

青年のごとく素直で、春のように清明で、青いからこそ熟れを求め進んでください。

木(陰)の特性を持った経営者

稲山嘉寛	新日鉄	宮原賢次	住友商事
井上雅博	ヤフージャパン	村上隆男	サッポロホールディングス
岩瀬順三	KKベストセラーズ	村上世彰	村上ファンド
江福浩正	リクルート	森下洋一	松下電器産業
折口雅博	グッドウィル/コムスン	山内溥	任天堂
小林與三次	日本テレビ	渡辺晋	渡辺プロダクション
板根正弘	コマツ	デッド・ターナー	CNN
猿橋望	NOVA		
沢田秀雄	HIS		
重光武雄	ロッテ		
孫正義	ソフトバンク		
田島憲一郎	サカイ引越センター		
辻信太郎	サンリオ		
早川清	早川書房		
早川種三	会社再建の神様		
広岡知男	朝日新聞		
福井威夫	ホンダ		
北城烙太郎	日本IBM		
本田宗一郎	本田技研工業		
馬渕健一	マブチモーター		

火（陽）

火・炎･･･暖をとる。料理をする。火の周りには人を自然と集める力がある。

活動的で向上心がある。

キーワード

人を集める、力を与える

五行の特性における適職・業種

石油、化学、薬品、エネルギー、ガス、ガラス、レンズ、貴金属、カメラ、サービス業全般

平成21年以降の運氣の季節と過ごし方

季節･･･春　　器の大きさ･･･小

いよいよ、運氣が春の季節に入り器もサイズアップしてきました。

将来どのような花を咲かせ、どのような実をつけるか、つまり去年までに設定した目標を除々に行動に移していく時期です。

今年は普段よりも頭の切れが良く、感受性も勘も鋭くなっています。

数字的な計画や商品の企画などに良いアイデア、ひらめきが出てきます。思考することに力が発揮できます。人任せではなく普段から情報をキャッチできるようにアンテナを張り巡らせておきましょう。感受性が鋭くなっている分、目指している目標に良い味付けが出来ます。

頭の切れが良くなっているので、商談や資産運用などに正しい判断や選択が出来ます。最大限に頭を使って下さい。疲れるどころか冴えに冴えて、水を得た魚のごとく活き活きしてきます。

頭を使うほど目標の達成率に差が出ます。結果を出すために根が伸びている時です。

しかしながら、感受性が鋭くなっている分、人に対して頭を使いすぎると逆効果です。人の言動にいちいち反応し一喜一憂してしまいます。

頭の回転が良いことで、人のことを深読みし、あれこれあること無いことを考え過ぎてしまい逆に動きが鈍くなったり業務がおろそかになりがちです。他人は自分が思うようにいかないのが当然です。

期待通りに動かずイライラして短気を起こすと、それが仕事上で大きなミスや事故につながりかねません。

今年は仕事の業務に頭を使い、人に対して頭を使わない。
これが大切なポイントです。

火(陽)の特性を持った経営者

荒蒔康一郎	キリンビール	高井恒晶	千趣会
飯島藤十郎	山崎製パン	高野友梨	たかの友梨
井深大	ソニー	立石一真	オムロン
江戸英雄	三井不動産	豊田英二	トヨタ自動車
岡素之	住友商事	丹羽宇一郎	伊藤忠商事
岡田卓也	ジャスコ/イオン	野尻佳考	テイクアンドギブ・ニーズ
小倉昌男	ヤマト運輸	能村龍太郎	太陽工業
加賀美俊一	オリンタルランド	広瀬真一	日本通運
笠原健治	ミクシィ	福武哲彦	ベネッセコーポレーション
加藤義和	加ト吉	本庄八郎	伊藤園
菊川剛	オリンパス	松本大	マネックス証券
工藤恭考	ジュンク堂書店	村井順	綜合警備保障
古泉栄治	亀田製菓	柳瀬次郎	ヤナセ
小島順彦	三菱商事	渡辺和俊	インデックス
斉藤英四郎	新日本製鉄	スティーブン・ジョブス	アップルコンピューター
佐治信忠	サントリー		
佐藤義夫	新潮社		
椎名武雄	日本IBM		
島正博	島精機製作所		
鈴木敏文	イトーヨーカ堂		

火(陰)

樹木･･･太陽（目標）があると、枝を上へ上へと伸ばす成長力がある。

キーワード

人との関わり、成長進化

五行の特性における適職・業種

電力、情報通信、電線、エレクトロニクス、半導体、商業、空運、繊維、製紙、パルプ、ゴム、林業、農業

平成21年以降の運氣の季節と過ごし方

季節･･･春　　器の大きさ･･･小

もしこれまでの季節で間違ったこと、手抜きをしていたこと、あるいは運氣の赤字を作っていたとしたら、今年は見た目に良くないことが何らかの形で表に表れます。「しまった！」「何でこんなことが！」と思うような出来事が起こるかもしれませんが、これはまさに世間で言うところの「ピンチはチャンス」なのです。

ビジネスはどのような状況においても継続していかなくてはなりません。自然はまさに継続の王様です。でもその自然ですら変化の連続です。それに対応し進化発展してきたのが、現在の世界経済なのです。

自分にとって見た目に良くないことを避けたり蓋をしたりすることは、自ら継続を拒否、否定していることにほかなりません。まさにニュースとなって世間を騒がせている多くの企業の不正もこうした見た目に良くないことを避けて真摯に受け止めなかった姿勢が大きな事件となって表に表れた結果なのです。

ですから、こうした見た目に良くないことを真摯に受け止め、社内でしっかり反省し外部からの意見にも耳を傾け、何が足りなかったのか、何が育っていなかったのか原因をはっきりさせて下さい。ただし、責任の追求をトカゲの尻尾切りのように部下に向けるのではなく、経営者自らが先ず反省しそれを末端まで伝え、各個人、各部署が反省をおこなうことが必要です。

それが出来れば次の運氣の目標も明確になり、また新たな種まきが出来るのです。そして公私共に今一度、ここまで継続してこれたのは誰の何のお蔭であったのか？自問自答して下さい。そうすれば感謝の気持ちが湧き出てくるでしょう。その気持ちを次ぎの行動に移しましょう。社員に、取引先に、家族に、初心に戻って接して下さい。

また、会社内や自宅の掃除に手抜きはありませんか？この機会に垢を落としきれいに掃除をしましょう。そして継続し習慣にして下さい。身も心もきれいさっぱりして次の運氣を気持ちよく前向きに迎えましょう。

火(陰)の特性を持った経営者

阿部修仁	吉野家	森稔	森ビル
飯田亮	セコム	森本昌義	ベネッセコーポレーション
市村清	リコー/三愛	安田隆夫	ドン・キホーテ
宇野康秀	USEN	矢野博文	ダイソー
江頭匡一	ロイヤル	吉田忠雄	YKK
大坪文雄	松下電器産業	渡辺捷昭	トヨタ自動車
小林栄三	伊藤忠商事	ウォルト・ディズニー	ディズニーランド
佐治敬三	サントリー	ハワード・ヒューズ	映画・航空機
東海林武彦	日本専売公社		
白石義明	元禄寿司		
関本忠弘	NEC		
高松冨男	ダイドードリンコ		
寺田千代乃	アートコーポレーション		
天坊昭彦	出光興産		
西山知義	レックス		
長谷川国雄	自由国民社		
藤井誠司	不二家		
藤沢昭和	ヨドバシカメラ		
松本公太	タリーズコーヒージャパン		
村田昭	村田製作所		

土（陽）

土・・・万物が生まれ、そして帰る場所。

　　全ての土台、基礎となるバランス力とつなぎ目の役割がある。

キーワード

人を活かす、社会の基礎

五行の特性における適職・業種

鉱業、非鉱業、鉄鋼、非鉄金、土石、海洋土木、建設、不動産、倉庫、流通・小売、林業、農業、教育

平成21年以降の運氣の季節と過ごし方

季節・・・春　　器の大きさ・・・小

これまで耐え忍んできたかいあって、去年あたりから将来の目標が持てるようになり、さらに今年ははっきりと目指す山が目の前に見えてきました。登山の始まりです。

前向きに何とかしなくてはというポジティブな気持ちになってきたはずです。

しかしながら、今はまだ登山口である山の麓です。ここで何をすべきかが肝心です。登る山は決まったのですから頂上を目指しこの登山の準備をしましょう。地図、磁石、食料や水、テント、またどのような服装で登るか、誰とパーティーを組むのか、場合によっては水先案内人も必要かもしれません。

つまり、会社に置き換えて言えば目指す目標に対しての情報収集、マーケティング、設備投資、人材、資金調達、広報戦略に力を入れる時期なのです。そして何より経営者の腹の括り方です。山を甘く見てはいけません。いい加減な気持ちで山を登っては危険です。しっかり準備運動し健康状態を万全に整えておかなくてはなりません。気力も体力も満タンにしておきましょう。

さらに分相応の登山（目標）かどうかの確認もしておきましょう。

あれもこれもと欲を出して頂上まで重たい荷物を背負っていくと途中でギブアップすることになってしまいます。

頂上に向かうどころか、もう一度荷物を降ろしに麓に戻ってから再スタートということにもなりかねません。そのときは既に体力も気力も減退しているでしょう。

こうならないためにも、会社の知力、体力、気力に投資して下さい。目に見える結果が現れるのはもっと先のことです。今は目に見えないことに力を尽くしましょう。

地中に広がる根も、私たちの目に見えるものではありません。でもその根が幹を支え、枝を生やし、花を咲かせ、実を実らせるのです。しっかりとした根を地中に広げることに力をいれましょう。

土(陽)の特性を持った経営者

相澤秀禎	サンミュージック	佐々木幹夫	三菱商事
青井忠雄	丸井	志太勤	シダックス
秋草直之	富士通	高宮行男	代々木ゼミナール
有村純一	日興コーディアル	竹内道之助	三笠書房
池田実	フランスベッド	塚本幸一	ワコール
伊藤傳三	伊藤ハム	辻亨	丸紅
上原正吉	大正製薬	西室泰三	東芝/東京証券取引所
牛尾治朗	ウシオ電機	長谷川武彦	長谷川工務店
大川功	CSK	平岩外四	東京電力
大槻文平	三菱興業	福原義春	資生堂
大橋信夫	三井物産	御手洗毅	キャノン
大橋洋治	全日空運輸	柳井正	ユニクロ
岡田元也	ジャスコ/イオン	渡文明	新日本石油
奥谷礼子	ザ・アール	ジャスパー・チャン	アマゾン・ジャパン
小佐野賢治	国際興業	マイケル・デル	デル
小野寺正	KDDI		
柿原彬人	テクモ		
金子晶資	日興コーディアル		
見城徹	幻冬舎		
湖中安夫	コナカ		

土(陰)

樹木･･･太陽（目標）があると、枝を上へ上へと伸ばす成長力がある。

キーワード

人との関わり、成長進化

五行の特性における適職・業種

電力、情報通信、電線、エレクトロニクス、半導体、商業、空運、繊維、製紙、パルプ、ゴム、林業、農業

平成21年以降の運氣の季節と過ごし方

季節･･･春　　器の大きさ･･･小

去年までは下を向いてしまい、嫌なことも辛いことも避けて通ってきた分、気が付くと色々なものを失ってしまったのではないでしょうか？

それは目に見える人やお金であったり、目に見えない信用や信頼、気力、体力といったものなど。

今年は、それにやっと踏ん切りをつけるとても大事な季節がやって来ました。逆に言えば、もう季節は春を迎えたので、上を向いていかなければなりません。つまりこれから咲かせる花や実（目標）をどうするか、種の選定の季節です。

これまでの見た目に良かったこと、良くなかったこと全ての経験を基に、品種改良された種を植えなければなりません。品種改良とはすなわち反省のことです。会社内部の問題点、外部との取引の問題点など徹底的に反省しましょう。また畑の土も荒れ放題で痩せていては種が育ちません。良い土壌環境にするために整備しましょう。土壌環境とは見た目ではありません。会社の土台となる社内の雰囲気をプラスに（前向きに明るく）することです。

社員の士気、働きやすい雰囲気、コミュニケーションのとりやすい環境を整えましょう。

経営者は、会社内部の雰囲気がどのような状態になっているのか五感を働かせてキャッチしなくてはなりません。そして、会社内部、外部から来る意見を受け止め、周囲に教えを請うときです。

そうすることで、四方八方から良いエネルギー流れが会社内部に入ってきて、実際に支援者、協力者、会社にとってまたとないチャンスが現れるでしょう。

これでやっと新しい種を蒔くことが出来るのです。

しかし、種を植えてもしばらくは土の中です。すぐに芽を出し花を咲かせるわけではありません。地上からは分かりませんが、種は土の中で養分や水分を吸って確実に根を伸ばしていきます。ですから焦らないでください。今は見えないところの努力が必要です。根を太く深く伸ばしましょう。根が太ければ太いほど、深ければ深いほど、美しい花が咲き大きい実をつけます。

何より自分の目的意識を強く持てるかどうかです。

土(陰)の特性を持った経営者

池森賢二	ファンケル	盛田昭夫	ソニー
石本他家男	デサント	渡辺恒雄	読売新聞社
伊藤雅俊	イトーヨーカ堂		
上田準二	ファミリーマート		
大賀典雄	ソニー		
岡村正	東芝		
金田邦夫	サンスター		
川又克二	日産自動車		
小池聡行	オリコン		
浄弘博光	上新電機		
経沢香保子	トレンダーズ		
永野重雄	新日本製鉄		
中村胤夫	三越		
南場智子	ディー・エヌ・エー		
西尾進路	新日本石油		
深山祐助	レオパレス21		
古川益蔵	まんだらけ		
堀主知ロバート	サイバードHD		
堀威夫	ホリプロ		
三村明夫	新日本製鐵		

金(陽)

金･･･宝石の原石のように、磨いて輝く。
　　　　形が一度出来上がると、変化しない強い信念。確固さがある。

キーワード

人が創り上げる、目に見える結果

五行の特性における適職・業種

自動車、陸運、機械、重機、精密機械（時計、ゲーム）、金属加工品、楽器、食品、乳製品、製粉、銀行、証券

平成21年以降の運氣の季節と過ごし方

季節･･･春　　器の大きさ･･･小

今年は自分にとって見た目に良くないことがやって来て、つい焦ってしまい「もっと、もっと」と意気込むかもしれません。外に向かって動こうとすると、かえってそれが悪循環を呼んでしまうのです。

あれもこれもと考えてしまうと、結局は何もかもが中途半端になり停滞する時期に入ってきます。運氣の器が小さくなっているので、業務も縮小路線かあるいは現状維持にしておかないと精神的にも肉体的にもオーバーフロー状態になります。

どうしても見た目に良くないこと（決算や在庫の数字、人事的問題など）があると、八方塞りになりマイナスに受け止めてしまいますが、違う視点で見れば「こままではいけない」という自然からのサインなのです。このサインには今までおこなってきた事業の反省材料や改革をするきっかけ、チャンスがあります。

ですから、外にエネルギーを向けるのではなく、今の業務を縮小し外へ放出するエネルギーを必要最小限にして、内側にエネルギーを向けて下さい。

車でたとえれば、無限に走り続ける車はありません。ガソリンがなくなれば止まり、整備を怠れば故障もします。

走っている途中でも、ガソリンがなくなれば一度車を止めて給油し、トラブルがおこれば不具合を直さなければなりません。

これは会社も同じことです。勢いよく走り続けていても、ずっとその勢いが続くわけではありません。エネルギーが不足したり、気づかないところに問題が起こることがあります。

まさに今年は、この会社全体を動かしているエネルギーが少なくなっている時期なのです。会社の原動力となるエネルギーを満タンにすることが必要です。この会社の原動力となるエネルギーを満タンにする方法は会社内部の充実です。経営、財務、業務の見直し、そして若手社員の育成、新しい分野への研究開発など、各企業にとって必要なエネルギーの補充があります。

こうしたエネルギーの補充の時期があって、また成長していくのです。それは個人においても、企業においても同じことです。

次の運氣の季節のために目標を明確にし、そのための学習をし、体力気力を備え、社内一丸となって再スタート地点にたてるようにして下さい。

金(陽)の特性を持った経営者

伊藤助成	日本生命
稲盛和夫	京セラ
岩堀喜之助	マガジンハウス
上山善紀	近畿日本鉄道
岡田茂	東映
木村昌平	セコム
木村剛	日本振興銀行
畔柳信雄	三菱東京FG
五島昇	東京急行電鉄
桜田武	日清紡
志賀俊之	日産自動車
清水順三	豊田通商
庄山悦彦	日立製作所
関口房朗	ベンチャーセーフネット
高原慶一郎	ユニ・チャーム
田島治子	サカイ引越センター
張富士夫	トヨタ自動車
堤義明	コクド/西武鉄道
徳田虎雄	徳州会病院
内藤裕紀	ドリコム
橋本真由美	ブックオフ
平野岳史	フルキャスト
深堀高巨	99プラス
増田宗昭	TSUTAYA/CCC
三澤千代治	ミサワホーム
茂木友三郎	キッコーマン
八城政基	新生銀行
山田昇	ヤマダ電機
渡邉美樹	ワタミ
アドルフ・ダスラー	アディダス

金(陰)

金･･･宝石の原石のように、磨いて輝く。
　　　　形が一度出来上がると、変化しない強い信念。確固さがある。

キーワード

人が創り上げる、目に見える結果

五行の特性における適職・業種

自動車、陸運、機械、重機、精密機械（時計、ゲーム）、金属加工品、楽器、食品、乳製品、製粉、銀行、証券

平成21年以降の運氣の季節と過ごし方

季節･･･晩秋　　器の大きさ･･･大

これまでの季節は努力した分だけ、またはそれ以上の結果を出せてきましたが、今年からは結果を追い求めても以前のような勢いは期待できません。期待できないというよりも、頂上まで登りつめたので、これからはゆっくり下山を始める時なのです。

しかし、まだ運氣の器は大きいので、決してマイナスに考える必要はありません。

やるべきことは、周りの景色を眺めながら、一歩一歩足元に気をつけてゆっくり下山することです。つまり、これまでの結果に対して分析をおこなう時です。

得られた結果の中に隠されている次のチャンスのヒントは何か？を分析してみて下さい。この分析を器が大きい間におこなうのと、器が小さくなってからおこなうのとでは大違いです。運氣の器が大きいうちに分析をおこなえば、正しく公平な判断と次にすべき準備が余力を持って出来るのです。早めに次のチャンスに必要な成功のヒントを探し出すのです。

早めに将来を考えることは、備えあれば憂いなしです。そのためには、素直な気持ちになって内外を問わずあらゆる意見や考えを聞きましょう。

こんな時期のクレームほどチャンスです。人の意見に素直に耳を傾けることで、市場が何を求めていたのか、そしてこれから何を求めているのかが見えてきます。

先に述べたように、下山の時ほど足元に気をつけましょう。ゆっくり下山をすることによって大事なヒントに気づくことが出来ます。先を急いで足元を見ずに下山をしてしまうと足を滑らせて大きな事故に繋がってしまいます。

今まで良い結果を得られてきたら、その結果に対して感謝の気持ちを持つことです。

感謝の気持ちを持てば有難いことに、また新たなチャンスがやってきて自然とその方向にエネルギーを向けることができ、次の運氣の季節ではもっと高い山（目標）に挑戦することが出来るでしょう。

金(陰)の特性を持った経営者

池田守男	資生堂	内藤弘康	リンナイ
今津芳雄	かに道楽	西田厚聰	東芝
槍田松瑩	三井物産	西田憲正	東横イン
江頭邦雄	味の素	林正之助	吉本興業
岡田茂	三越	原良也	大和證券
勝俣恒久	東京電力	平岡敏男	毎日新聞社
川勝傳	南海電鉄	藤田田	日本マクドナルド
北尾吉孝	SBIホールディングス	町田勝彦	シャープ
熊谷正寿	GMOインターネット	松本南海雄	マツモトキヨシ
公文公	公文式研究会	森正文	一休
黒崎勇	祥電社	山下俊彦	松下電器産業
黒田章裕	コクヨ	吉田秀雄	電通
小林陽太郎	富士ゼロックス		
佐藤亮一	新潮社		
鹿内信隆	フジサンケイグループ		
ジャニー喜多川	ジャニーズ事務所		
代田稔	ヤクルト		
津村重舎	ツムラ		
土井君雄	カメラのドイ		
徳間康快	徳間書店		

水(陽)

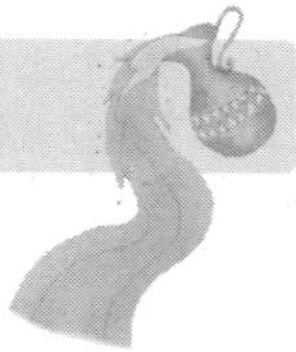

水･･･どこへでも形を変化させ流れる柔軟性と冷静さがある。

キーワード

人に対する適応、流れをモノにする

五行の特性における適職・業種

水産、造船、海運、塗料、上下水道、印刷、損保、飲料、酒業、

平成21年以降の運氣の季節と過ごし方

季節･･･晩秋　　器の大きさ･･･大

これまでの季節では運氣の器が大きく、結果も目に見えて現れて出ました。会社も成長発展し、充実期を経て、今年は変革期となります。運氣の器はまだ大きい状態ですが、今までのように勢いがあるというわけではありません。ご承知の通り季節が変わるように景気も変わります。それに伴い周囲の環境も変わってきます。サブプライムローンや原油高、政局の不安定なども季節の移り変わりによって景気が変化した状態です。季節が秋から冬に向かっていくと、運氣の器も縮小していきます。ですからこれまで通りに数字を伸ばせることが出来るかというと、それはＮＯです。

これからの季節は、これまでの見直しをして、プラス面は継続、マイナス面は変革、新規案件に関しては従来に視線を変えて、第三者や消費者の意見を大いに参考にしましょう。

今年はこだわりを持ちすぎると融通性に欠けてしまい、逆にこれまで出してきた良い結果を活かすことが出来ません。会社をワンランクアップさせるために大事な時期です。

器がまだ大きい状態ですので、運氣の貯蓄が出来ます。器が大きいということはやるべきことがたくさんあるということです。今後は季節が冬に向かっていき、それと同時に運氣の器も縮小していきますので、この時点で会社内外の変革をしましょう。

外部からも内部からも変革のチャンスが訪れます。このままで良いと思わずに上手く変革の流れに乗ってください。

ただし、けっして独断と偏見の変革は禁物です。

companyは仲間です。会社の社員全員と話し合って変革することが何より大切です！

水（陽）の特性を持った経営者

荒川詔四	ブリヂストン	檜山広	丸紅
今井敬	新日本製鉄	藤田普	サイバーエージェント
岩田聡	任天堂	松井秀文	アメリカンファミリー生命
円城寺次郎	日本経済新聞社	松井道夫	松井証券
小川善美	インデックス	御手洗富士夫	キヤノン
樫山純三	オンワード樫山	宮内義彦	オリックス
勝俣宣夫	丸紅	宮路年雄	城南電気
川上源一	ヤマハ	矢内廣	ピア
川上量生	ドワンゴ	横矢勲	ピップフジモト
木口衛	ワールド	ビル・ゲイツ	マイクロソフト
近藤淳也	はてな		
佐伯勇	近鉄		
高田明	ジャパネットたかた		
立石義雄	オムロン		
田辺茂一	紀伊国屋書店		
豊田章一郎	トヨタ自動車		
中内功	ダイエー		
新浪剛史	ローソン		
林原一郎	林原グループ		
日枝久	フジテレビジョン		

水（陰）

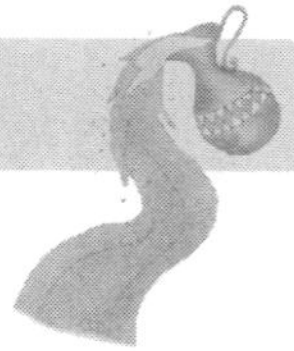

水･･･どこへでも形を変化させ流れる柔軟性と冷静さがある。

キーワード

人に対する適応、流れをモノにする

五行の特性における適職・業種

水産、造船、海運、塗料、上下水道、印刷、損保、飲料、酒業、

平成21年以降の運氣の季節と過ごし方

季節･･･初秋　　器の大きさ･･･大

これまで努力精進してきたことが目に見える結果として現れてきます。そして周りからその結果を認められたり評価され、立場や地位が確固たるもとなります。大変嬉しい運氣の季節です。まさに実りの秋、充実の秋、祭りの秋なのです。経営者、社員、あるいは取引先や投資家と一緒に喜びを分かち合って下さい。

しかしそれに伴って、責任もそれだけ大きくなることを忘れないで下さい。

利益追求型になるか、社会貢献型になっていくか、ここが会社の将来にとって大事な節目になるのです。

食欲の秋とは言え、食べ過ぎると病気の予備軍のメタボリックになってしまいます。企業も良い結果が出るからといって、利益追求型のメタボリックにならないよう十分気をつけて下さい。運氣の大きい時期だからこそ、もっと努力し結果ばかりを追い求めすぎずに良い仕事をするように頑張りましょう。そして外部との関わりをもっと積極的に持ちましょう。取引先、顧客の新規開拓です。認められているからこそ、外部との接点を持つことで次の課題のきっかけをもらったり、異業種とのコラボレーションが出来るようになります。そして運氣の器が大きくなっている時ほど、器が小さくなった時の補填が出来るように運氣の貯蓄をするよう心がけて下さい。貯蓄もせずに結果ばかり喜んでいると運氣の貯蓄につながらず気付けば器の中身が空っぽだったということにもなりかねません。

器の大きいうちは、様々な物事に挑戦が出来ます。そして問題が起きても消化するパワーがあるのです。

外部へ積極的に動き成長発展の時期なのです。

社員と喜びを分かち合い、社会と喜びを分かち合い、社員と社会とともに成長し素晴らしい会社を築き上げていくよう努力して下さい。より一層素晴らしい経営者になるよう心がけて下さい。

水(陰)の特性を持った経営者

青井忠治	丸井	山田六郎	くいだおれ
青山五郎	青山商事	吉野浩行	ホンダ
安藤宏基	日清食品	H・ストリンガー	ソニー
安藤百福	日清食品		
石川六郎	鹿島		
市川重幸	象印マホービン		
出井伸之	ソニー		
上島忠雄	UCC上島珈琲		
大場富夫	レオパレス21		
金子真人	図研		
黒川博昭	富士通		
佐川清	佐川急便		
篠原欣子	テンプスタッフサービス		
田村滋美	東京電力		
堤清二	セゾングループ		
中村邦夫	松下電器産業		
西川善文	住友銀行		
福地茂雄	アサヒビール/NHK会長		
堀江貴文	ライブドア		
松浦勝人	エイベックス		

結びに　～占見力で夢を叶える成功者たちへ～

途中、読みづらい箇所も多々あったかと思いますが、最後までお読み頂きありがとうございました。

私が事務所を構えて早十七年になりました。

これまで本当に多くの経営者の方々にお会いしてきました。

今回経営者の方に向けた書籍を書こうと思ったきっかけは、昨年からニュースで頻繁に騒がれている食品業界の偽装問題や薬物混入事件といった数々の経営上で起こった事件を耳にする機会が増えたことでした。

人類は欲求があるからこそ、こうして経済を発展させることができたのですが、五章でもお話した通り、その発展させていく力の矛先が自分たちの欲を満たすためだけに向かい過ぎてしまったことが、今日の各企業で問題となっている不正の根底にあることも忘れてはいけません。

今まで、私たち人類は目に見えるもの（物質的欲求）に重きをおいて経済を発展させてきました。それは、結果として決して間違っているわけではありません。

しかしながら、もうこれまでのように目に見えるものばかりに重きを置いた経済発展はこれ以上伸びることはありません。むしろ衰退の一途をたどっていくことになります。何故なら、それだけ私たち人類は自分たちの欲を満たすだけの経済発展のために、大切なものをたくさん犠牲にしてしまったからなのです。それは、地球温暖化などの自然破壊であったり、競争社会が生み出した「自分さえよければ良い」という個人主義の人間関係です。

本書の冒頭でお聞きした「あなたにとっての成功とはどのようなことですか?」という質問を今改めてここでお聞きしたいと思います。

あなたにとっての成功とはどのようなことですか?

もし、あなたが物質的な欲を満たすための成功を望んでいても、それはもちろん構いません。人は欲を満たすことで生きがいを得ることも出来ます。ただ、本書をお読みいただいて、少しだけ何か違う気付きを得ていたら、自分の物質的欲を満たすための成功を願った後で、別の成功も願って頂けたらと思います。

もう、目に見える成功だけを追い求めるのではなく、自分のためだけに成功を願うのではなく、目に見えない成功を別の誰かのためにも追い求めること。その気持ちを一人でも多くの人が持って頂けたら、きっとこの世界は大きく変わっていくでしょう。

「成功」とはりっぱな仕事を成し遂げるという意味もあります。

「成功」という言葉の中には、とても大切な「功徳」という意味が隠されています。

これからの成功は、いたわりや思いやりを抜きにして成しえません。

自然や地球そして人（従業員や顧客など）に対するいたわりや思いやりがなければ目標を達成できても事業が自然消滅に至ったり、安全やコンプライアンスの欠如から企業の存在そのものも危うくする大きな問題が発生する原因にもなるのです。

「功徳」とは人に幸せを与えます。

そして、「幸せ」という字は「土」＋「辛」という字の組み合わせです。これは、地に足をつけて地球と共に、辛いけど辛抱して成しえたものが幸せという意味なのです。楽して得られるものではないこと、それが成功なのです。

さらに「幸せ」という言葉は「仕＋合わせ（しあわせ）」という言葉にも置き換えることが

できます。「仕える」という字の「仕」は人偏に土と書きます。つまり人が地球という地に足をつけ、みんなと力を合わせて行うこと。それが仕事なのです。仕事によって成長し充実し皆で喜べることが「幸せ」でもあるのです。

どんな経営者も一地球人に過ぎません。

地球（宇宙や自然）にマネジメントされているということを忘れてはなりません。私たち一人ひとりは「株式会社　地球（自然）」の社員であり、地球（自然）という会社を支え、また地球（自然）という会社から多くの恩恵を受けているのです。会社が倒れたら社員も倒れます。地球が無くなったら人も無くなります。お互いになくてはならない必要不可欠な存在だからこそ、尊重し合い、助け合い、活かし合い、継続していかなければならないのです。

これまで申し上げてきた「目に見えないもの（氣）」だけでなく、経営には「目に見えるもの（動産、不動産）」も、もちろん必要です。この世の中は陰と陽どちらも存在することが大原則です。ただ、どちらか一方に重きを置き過ぎた時に、元に戻れるバランス感覚を持つ経営者が一番強いのです。

戦後六十年余で、日本は飛躍的に経済を発展させ、目に見えるもの（動産、不動産の成長）を達成することが出来ました。

一時代の還暦を迎え、まさに今生まれ変わる時期にきているのです。

平成二一年は次の六十年という長期の新しい目標（目に見えないもの（氣、教育、安全、自然））の新しい時代のスタートだと覚えておいて下さい。

今まで目に見えるものばかりに重きを置いた、企業の様々な問題が浮き彫りに出てきていますが、これは次の時代の幕開けを意味するものであり、次の時代の成功に欠かせないヒントであり、チャンスなのです。

かつて進化論を唱えたダーウィンは言いました。

進化とは、強いもの、賢いものが生き残るのではない。
環境に柔軟に適応したものだけが生き残るのである。

この言葉は、これから先私たち人類にとってさらに意味の深い言葉となるでしょう。なぜなら、自然の法則と社会の法則の間に出来た大きな溝を自然が必死になって戻そうとしているからです。自然の大きな進化に私たち人類は上手に適応していかなければ生き残ることが出来なくなります。

ですから、いち早くこの自然の進化に柔軟に対応出来る企業がこれから先も生き残り発展することが出来るのです。

平成二一年は、運氣の季節でいうところの「土」の季節です。

土は全てのバランスを保つつなぎの役目であり、土台、基礎となります。

前書きでお話ししたオバマ大統領も土の特性を持った人です。

オバマ大統領が、この時期に大統領として就任したのは自然の流れなのかもしれません。

ここから、また新たに基本に戻って国全体が一丸となって種を蒔くことに意識を向ける年になるのです。

どんなに多くのものを失ったとしても、土があればまた一から芽を育てることが出来ます。

これから先見ることが出来る芽も花も実も、この大事な季節にどれだけしっかりとした土台を作るかにかかっているのです。

本書を手にとっていただく頃には、解散総選挙を終えきっと政治も基本に戻り一からスタートすることとなっているでしょう。

国全体の運氣の底上げのためにも、一社一社が出来ることはたくさんあります。今一度、ご自分の会社の方向性を見直してみて下さい。

経営者の意識が企業の意識を変え、果てには国の意識を変えることが出来るのです。

企業の経営者として、日本の経営者としての志を持って日本を立て直していきましょう。

そして我々国民一人ひとりが、日本という組織の一員として、日本の国を支えようではありませんか！

そう願って、ペンを置くことにします。


皆様のビジネスの成功（人への地球への功徳）を願って

平成二一年八月　　苑彰恵

占見力索引

こちらの索引は本文中の占見力の内容に合った、孔子の「論語」・子思の「中庸」・福沢諭吉の「学問のすすめ」の言葉を記載しております。

天下道有らば丘は与に易えざるなり

もし天下に道があれば、わしは何も世直しをしようと骨を折りはしない。

天下に道がなければこそ、どうかして世を安んじ人を救わんものと東奔西走もするのである。

徳孤ならず、かならず鄰あり

徳は孤立しない。必ず隣が出来る。

その身正しければ令せずして行わる。その身正しからざれば令すといえども従わず

政治をするには、上に立つ人の品行が第一。

その行状が正しくて衆人の模範になるようならば、命令せずとも行われるが、不正をはたらきながらでは、いくら命令しても人民は服従しない。

君子の及び難きところは、それただ人の見ず知らざる所において、よく独りを慎み、敢えて怠らない点であろう

優れた人格者は、人が見ていない時こそ怠らない。

速やかならんを欲するなかれ、小利を見るなかれ。速やかならんを欲すれば、すなわち達せず、小利を見ればすなわち大事成らず

政治をするには、急いで成績を挙げようと思ってはいけない。また眼前の小さな利益に目がくれてはいけない。

急いで効果をあらわそうとすると、順序をあやまったり思わぬ手落ちがあったりして、かえって目的を達し得ない。

小利を追って遠大のはかりごとがないと、天下後世を益するような大事業を成就し得ない。

君子は義に喩り、小人は利に喩る

君子は万事を道義に持っていく。小人は一切を利益に結びつける

君子は人の美を成して、人の悪を成さず

⇒第2章　感謝こそ「気甲斐性のある経営者」の証（P97）

君子は他人の善事や成功を喜んでそれが成就することを願い、他人が失敗したり悪評を受けたりするのを心配して、援助したり弁解したりする

天は人の上に人を造らず、人の下に人を造らず

⇒第3章　人を見下ろすのではなく、人を引き上げるのが社長の役目（P110）

人は生まれながらにして貴賤貧富の別なし。ただ学問を勤めて物事をよく知る者は貴人となり富人となり、無学なる者は貧人となり下人となるなり

三人行けば必ずわが師有り。その善なる者を択びてこれに従い、その不善なる者はこれを改む

⇒第3章　苦手なタイプを使うと経営が上手くいく？！（P112）

人生の道連れが三人となれば、二人は必ずそれぞれ自分の先生になる。善なる者にならって自分の善を進め、不善なる者にかんがみて自らの不善を改めること。

君子の道は たとえば遠方に行くには　必ず近き所より発足する

⇒第3章　「必要の一石」を投じる（P126）

優れた人格者は、遠い目標を目指すにあたり、必ず手近な所からスタートする

躬自ら厚くして、人を責むるに薄ければ、すなわち怨みに遠ざかる

⇒第3章　管理職は管理せずに褒めること（P131）

自身を責めることが厳重で他人を責めることが寛大であれば、人をも怨まず人からも怨まれないもの

仁遠からんや。われ仁を欲すれば、ここに仁至る

⇒第4章　運氣を変えチャンスを呼び込む“一言”（P160）

仁なるものはけっして遠いものではない。仁がほしいと思えば、そこに仁がくる

【著者略歴】

苑 彰恵（その しょうけい）

陰陽五行説、東洋思想を学び五占閣（故小島儀久先生主宰）の師範を修得。

東洋哲学・思想を探求し陰陽五行説を基にした四柱推命や氣学（風水）などの鑑定・教室を開催。

「占い」ではなく、人の良さを引き出しプラス思考へ方向転換させるコンサルは多岐にわたる業界業種の相談者が多く、特に上場企業・中小企業などの経営者から絶大な支持を集めている。

現在では京都と東京を中心に鑑定・教室を開催し、ボランティア活動として女性起業家をサポートする「関西女性起業家研究会」も主宰。

Office・苑オフィシャルサイト　http://office-sono.com/

経営者占見力オフィシャルサイト　http://www.skyviewplanning.jp/sono/

経営者占見力

2009年9月29日　初版発行

著　者　苑彰恵
企画・制作　スカイビュープランニング
装丁・イラスト　musasabi@little chef
人物イラスト　momojiri
http://momojiri.share-web.com/
発売元　太陽出版
東京都文京区本郷4-1-14　〒113-0033
TEL: 03-3814-0471　FAX: 03-3814-2366
印　刷　日本ハイコム株式会社

 ISBN978-4-88469-643-6 C0039